JN014189

僕が選んだ世界の女優50選

奥山 篤信

まえがき

　まず僕はこの本を桜井修先生（元住友信託銀行〈現・三井住友信託銀行〉社長・会長、名誉顧問）に捧げるものである。

　氏は3月30日、東京都の自宅で93歳でお亡くなりになられた。僕が還暦を過ぎて、2011年に、ある会合で知り合う幸運を得て、お亡くなりになるまで、氏の言われる私的世界でお付き合いさせていただいて、その光栄に感謝すると共に、僕にとってその9年にわたる期間は貴重で素晴らしい人生経験だったことを、噛み締めている。

　親子ほどの年齢差にも拘らず、僕にとって学ぶものは、映画の世界のみならず、話題は文明論からありとあらゆる範囲に至り、月に一度、昼食を挟んで面談することは楽しみであった。なんの年齢ギャップも感じることなく、氏の映画への情熱そして映画から学ばれるお話を通じて、同じ映画ファンである僕も、映画の基本から、その高齢にも関わらず、僕自身＜言葉を選ぶなどの配慮もなくそのまま意見を交換できる＞利害関係の全くない＜友人＞の間柄として、氏の年代ではあり得ないほどの柔軟でフレッシュな感性に接し、大いに学ぶ機会を得ていたので、突然の訃報に唖然として、もっともっとお話を伺いしたかったのにと大変ショックである。

　ある意味で僕より、氏の開放的で自由な発想には驚いたことも度々あった。人生の問題に氏だったらどう考えられるだろうなどと、思うことがある。

　僕と同様、桜井氏に孫の世代から尊敬の眼差しで氏に接していた小河原あや氏とともに、氏の半生をインタビューによって記録しそれを出版しようと企画し、それが完成したのは、氏のお亡くなりになる前の半年前だったが、今から思えば貴重な記録を残すことができ

た。インタビュアーは成城大学の非常勤講師として映画論の専門家である小河原あや氏との対談本の出版だった。

　約15回にわたるインタビューを行い、氏と小河原氏との年齢差は40年、ジェネレーション・ギャップなど、そんなものはないと理想的な形で桜井 修・小河原あや著『霧に消えゆく昭和と戦中派〜敗戦前後の映画的回想』（春吉書房）が出版できたのは本当に幸いであった。もちろん小河原あや氏のような、今時珍しい、礼節と尊敬にあふれた、氏への眼差しがあってこそのことだと、このご縁に感謝し、小河原氏と共に氏のご冥福を祈っている。

　僕が生まれて初めて本を書いたのが2008年2月、たまたま僕は還暦を迎えた時で（干支は子）、それは扶桑社から出版した『超＊映画評』なる本であった。サラリーマン生活に終止符を打ったのが2000年で、それ以降は試行錯誤の人生だったが、若い頃から興味のあった映画をガムシャラに見たのが、この書のきっかけである。それから一回り12年後に当たる本年、本書を発行することができた。

　映画の面白さは尽きるものがない、監督・脚本家の見識、俳優の演技力、時代の反映、映画は人生を生きる上で、一番生き生きした教材であるということ痛感しているが、それは氏のお考えでもあった。氏のお父上が、ご家族を連れて映画を見に行ったのが氏の映画の原点だったと聞いていたが、僕の場合も父が映画好きで、家族連れで映画を見に行ったのが映画の原点だった。2人の父親の、こよなく家族を愛する家庭に育った氏と僕との共通点なのかなと、微笑ましく思っていた。

　本書は、現在現役で活躍している美人女優50人をピックアップ

して、その演じた代表的映画作品を一つ選び映画批評を書いたものだ。

　女優の年代は、ちょうど僕が大学を出て就職し、ある程度世の中を知り始めた年頃から今日まで活躍している女性とすれば、それは1960年以降の生まれの女優が対象だなと選んだ。いろいろ取り上げる50人を吟味したものである。ちなみに一番高齢者が、1960年生まれのクリスティン・スコット・トーマスそして一番の若者が1994年生まれのシアーシャ・ローナンだ。しかし基準として、美女であるだけではなく、映画での演技力を評価した。大根役者だと議論にならないのは当然である。選んだ50人の女優をそれぞれご覧いただければ、僕の一貫した考えかたが理解できるのではないかと思っている。

　僕は女優に限らず演劇・映画・俳優という世界に尊敬の念を持っている。世界で最も偉大な脚本家であるシェイクスピアへの尊敬が、これら全てに通底すると思っている。残念ながら、かって映画の黄金時代を謳歌した、日本映画は今や見る影もなくなってしまった。俳優もかっての世界に通用する個性的な人材もいない。脚本家も自身の薄っぺらな人間を投影しているかのようだ。それに比べて欧米その他、俳優一つ見ても、実に努力の人たちで、激しい競争の中、哲学的な知的な世界で切磋琢磨してきた人たちだ。そんな女優たちへの、僕の尊敬の念を読者に理解していただければと考えている。

　なお、文中の映画ポスターは世界の映画関係会社が作り公開されているものをそのまま引用したことを申し添える。

　　　　　　　　　　　　　　　　　　　　　　　　　　　著者

INDEX

Kristin Scott Thomas

クリスティン・
スコット・トーマス

1960 年 5 月 24 日、英国コーン
ウォール州に生まれる。国籍は英
国。
2003 年には OBE（大英帝国勲章
第 4 位）、2015 年には DBE(大
英帝国勲章第 2 位) に叙され、
Dame(ディム) の称号を持つ他、
2005 年にレジオン・ドヌール勲章
シュヴァリエを受章している。

1 主な出演映画
『フォー・ウェディング』
『ミッション：インポッシブル』
『イングリッシュ・ペイシェント』
『モンタナの風に抱かれて』
『ランダム・ハーツ』
『ゴスフォード・パーク』
『ずっとあなたを愛してる』

Height	Weight	Measurements	Bra size	Eye color
168	57	86-68-89	75B	Green

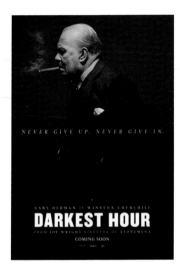

ウィンストン・チャーチル
／ヒトラーから世界を救った男

原題　DARKEST HOUR
監督　Joe Wright
（ジョー・ライト、1972年生）
2017年、英米映画

成功は決定的ではなく、失敗は致命的ではない。
大切なのは続ける勇気だ

―W. チャーチル

Success is not final,
failure is not fatal: it is the courage to continue that counts.

　第90回アカデミー賞（2018）で主演男優賞をゲイリー・オールドマンが取り、メイクアップ賞に辻一弘が栄誉に輝いた作品だ。あの作品賞・監督賞に輝いた僕には理解しがたいオカルト映画『シェイプ・オブ・ウオーター』は常識では考えられないほどお粗末で論外のオスカーだったが、この映画こそが作品賞あるいは監督賞を、『スリー・ビルボード』とそれぞれ獲得すべきだったと考えるのだ。監督は僕の評価するジョー・ライトだ。

　『プライドと偏見 Pride and Prejudice (2005)』『つぐない Atonement (2007)』『路上のソリスト The Soloist (2009)』『ハンナ Hanna (2011)』『アンナ・カレーニナ Anna Karenina (2012)』『PAN 〜ネバーランド、夢

のはじまり〜 Pan (2015)』など数々の名作を生み出した。どれもが素晴らしい映画だった。この映画も実に品格あるタッチでチャーチルの苦悩を描いている。

　朝からウイスキー、昼は国王との昼食でさえも、マイペースにてシャンペン一本、夜も一本そして葉巻のチェーン・スモーキングのチャーチルは、実際アル中でありニコチン中毒でもあった。いわゆる、優等生政治家ではなかったことは確かだ。しかし危機において本領を発揮させるのは、決して優等生ではなく、このような感情にムラのある、起伏の激しい、そして愛国心がほとばしる政治家であることは古今東西の真理だろう。彼は帝国主義者であり、人種差別者でもあったことを忘れてはならない。インド独立にとってのエネミー・ナンバーワンの守旧派だった。

　20世紀の戦争の世紀を経て、国際連合にての外交が世界の平和に資するなど、いまここにある現在の世界情勢を考えても、あり得ない絵空事である。ノーベル平和賞なるものは、ノーベル賞から除外してもらいたい、意図的で政治的で嘘と偽善に満ちた賞だが、これほど漫画と茶番はないだろう。いまだかって国連組織に正義など存在したのか？昨今の某独裁共産主義大国に発するウイルス肺炎、これに対して国連組織のWHOなど前々から事務局長人事その他政策決定に賄賂工作が功を称して、全く機能せず、アメリカは脱退を決意した。

　あのヒトラーに弱腰のミュンヘン宥和合意がどれだけ世界に禍根を残したかの歴史の教訓など、何一つない、ひたすら平和という偽善と欺瞞の状況が続けば良いという根性はミュンヘン宥和の教訓など、いささかの教訓を習得していないのが現代の国際状況だ。この映画の背景には、あの1938年のチェンバレン英首相とダラーディエ仏首相のチェコを捨ててヒトラーとの和平に安住した歴史的宥和政策の犯罪がある。チャーチルがこのミュンヘン会議に怒りを込めて：

　「すべては終わった。見捨てられ打ちのめされたチェコは沈黙と悲しみに包まれて闇の中に退場する。……われらの護りは恥ずべき無関

心と無能にあったこと、われらは戦わずして敗北したこと、その敗北が後にまで尾をひくことを知れ。……これは終わりではない。やがてわれらに回ってくる大きなつけのはじまりにすぎぬ」と非難し、著書『第二次世界大戦回顧録』の中で「第二次世界大戦は防ぐことができた。宥和策ではなく、早い段階でヒトラーを叩き潰していれば、その後のホロコーストもなかっただろう」と述べている。

　宥和派のチャンピオンはチャーチルの政敵ハリファックス外相だ。映画は首相に任命された孤立無援のチャーチルが、国会を乗り切り手腕を発揮し、そしてダンケルクの戦いの中で、カレーの英国兵を見捨ててもダンケルクからの脱出に全てをかける姿を描いている。まさに偉大な指導者がそのカリスマ的かつ冷静沈着な判断により、決断する偉大さを描いている。この映画を見て、一々国民のエゴイズムを尊重する民主主義の限界と国民に嫌われてもやる覚悟のあるものこそ政治家たる資格があることを学ぶ絶好の映画だ。

　なおこの映画ではチャーチル夫人（クレメンティーン・チャーチル）にクリスティン・スコット・トーマス、チャーチルの秘書（エリザベス・レイトン）にリリー・ジェームズが好演技をしている。本書では両者とも 50 人に選んでいる。

　最後にチャーチルの名言は有り余るほどあるが、いまのこのような時期において下記の言葉が日本人の心にしみるのではないだろうか？
「先を見すぎてはいけない。運命の糸は一度に一本しか掴めないのだ。」
It is a mistake to try to look too far ahead. The chain of destiny can only be grasped one link at a time.
「私は楽観主義者だ。それ以外のものであることは、あまり役に立たないようだ。」
I am an optimist. It does not seem too much use being anything else....
　〜 W. チャーチル

Martina
Gedeck

マルティナ・ゲデック

1961 年 9 月 14 日、
ドイツ・ミュンヘンに生まれる。

主な出演映画
『マーサの幸せレシピ』
『素粒子』
『クララ・シューマン 愛の協奏曲』
『バーダー・マインホフ／理想の果てに』
『リスボンに誘われて』
『熟れた快楽』

| Height 175 | Weight 66 | Measurements unavailable | Bra size unavailable | Eye color Hazel |

善き人のための
ソナタ

原題 Das Leben Der Anderen
監督 Florian Henckel von Donnersmarck
（フロリアン・ヘンケル・フォン・
ドナースマルク、1973 年生）
2006 年、ドイツ映画

ナチスが最初共産主義者を攻撃したとき、私は声をあげなかった。
私は共産主義者ではなかったから社会民主主義者が牢獄
に入れられたとき、私は声をあげなかった、私は社会民
主主義者ではなかったから彼らが労働組合員たちを攻撃
したとき、私は声をあげなかった 私は労働組合員では
なかったから。そして、彼らが私を攻撃したとき 私の
ために声をあげる者は、誰一人残っていなかった。

―ミルトン・マイヤー

　アカデミー賞外国語映画賞に輝いたこの映画の舞台となるのは
1984 年の東ベルリンである。当時僕の勤務先は大手商社で、その頃、
春から夏にかけて、当時、東ドイツ向けの商談で数ヶ月間、西ベルリ
ンに滞在し、毎朝毎夕鉄道であればフリードリッヒ・シュトラーセ駅、
陸路だとチェック・ポイント・チャーリーを通過、長いパスポート・
コントロールの列にうんざりしたものだ。それでも僕は東ベルリンの
ホテルに居るよりも、自由な雰囲気の西ベルリンのホテルにせめて仕
事が終わったら過ごしたい、バーで飲みたい、うまいものを食いたい

一心でそんな不快な毎日も商談と共に自分の時間も楽しんだ素晴らしい思い出がある。

支店長の高級メルセデスでチャーリー・ポイントを通過するときは、東ドイツの官憲が、大きな鏡を車の裏底に差し入れて人間が隠れていないか検査する。駅では別れを惜しむドイツ人の引き離された親子（老いた途端、老人保障がかかるので、それなら西側に姨捨山のごとく追い出した方が国家財政のために助かるということなのだ。若い間は共産主義国家のいわば＜奴隷労働力＞でこき使い付加価値を生むので絶対に脱走させない）が抱き合って泣いている姿を毎日のように見た思い出は、今となっては嘘のような、重苦しい緊張感、それでいて懐かしい。1989年崩壊した「ベルリンの壁」である。

1984年当時は、外国人や東ドイツ国民を監視する国家保安省シュタージの暗黒の支配があったのである。外国会社に勤務する社員には当然シュタージから監視員を送り込まれており、電話ファックスは盗聴されている。余談だが、だから今でこそ言えるのだが、わざと相手側に全部筒抜けになることを期待して、偽情報を掴ませるなど高等テクニックも駆使する楽しみがあるのだ。

シュタージの出世コースを歩むヴィースラーは「被疑者尋問で白か黒かどうか判定するには、48時間ぶっ通しの尋問を行い、何度も何度も同じ状況の説明質問を行う。嘘を言う者は、同じ台詞を一字一句違わずに言う。

真実を語る場合は色々言い方を変えて同じことを説明するものだ。さらに嘘を言うものは、必ず泣き出し、すがるように本当だと訴える。

真実を語るものは不当な長時間拘束に怒りをぶつけわめき散らす。とシュタージ幹部養成学校で尋問の方法について教育をする冷血無比なエリート部員であった。

ある日ヴィースラーは東独の著名な劇作家のドライマンを反体制として陥れるために、証拠をつかむよう命じられる。実はその裏にはドライマンの愛人で舞台女優クリスタを毒牙にかけんとする国家保安省

大臣の醜悪な私欲もあった。

　そのヴィースラーが仕組むドライマンのアパートの盗聴設備で監視するうちに、反体制の人々の世界、それは極めて人間的で自由な世界、に聴覚で接する（原題を英訳すると「The Lives of Others」他の人々の生活とでも翻訳すると意味がでてくる）ことにより、監視する自分自身が変えられてしまうのである。

　社会主義国家を信じ、忠誠を誓ってきたヴィースラーだったが、ドライマン邸で二人の会話や愛の囁き、それに反体制の人々の自由な思想、音楽、文学に、今まで知ることのなかった新しい人生に目覚め、ミイラ取りがミイラになる物語である。これは、実に美しい人間の正義と勇気と愛の感動のドラマである。

　この映画は先日のアカデミー賞で外国映画部門でオスカーを受賞した。弱冠33歳のフロリアン・ヘンケルス・フォン・ドナースマルクが歴史家や、当時の加害者、被害者への取材、記録文書の分析に4年を費やし、初めての監督にして、この快挙である。

　主演はかって自分自身も監視された経験を持つ東ドイツ出身の名優ウルリッヒ・ミューエが心の内面の変化を絶妙に演じるのである。そのミューエも翌年の『我が教え子、ヒトラー』を終えて鬼籍に入った。見事な演技であった。その他マルティナ・ゲデック、セバスチャン・コッホなどドイツ俳優の重厚で味のある演技はハリウッド映画にはないものがある。そしてこの物語にふさわしく、バックには美しい旋律が流れる。

　あの『愛人／ラマン』や『イングリッシュ・ペイシェント』の作曲家でオスカー受賞者のガブリエル・ヤレドの音楽が、重苦しい体制のなかでの人間の善意や愛の一抹の灯りを燻銀のように輝かせている。僕の若い頃のノスタルジーもあるが、この映画で描くリアルな東ベルリンの壁の時代、僕はいまさらながら、愛おしい思い出として、サラリーマン時代の正義の感性を抱きしめたい気持ちになるような、素晴らしい人間劇なのである。

Jody Foster

ジョディ・フォスター

1962 年 11 月 19 日、アメリカ・
カリフォルニア州ロサンゼルスに
生まれる。
国籍はアメリカ合衆国。
1985 年イェール大学（アメリカ
文学を専攻）卒業。トニ・モリソ
ンの論文で優秀な成績を修める
（Magna Cum Laude）。
『告発の行方』（1988）と『羊たち
の沈黙』（1991）にて、アカデミー
主演女優賞 2 回とゴールデング
ローブ賞主演女優賞を 2 回受賞。

主な出演映画
『タクシードライバー』
『告発の行方』
『羊たちの沈黙』
『ネル』
『コンタクト』
『パニック・ルーム』
『フライトプラン』

Height	Weight	Measurements	Bra size	Eye color
160	55	86-61-84	75B	Blue

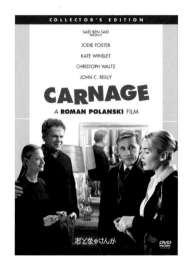

おとなの
けんか

原題 Carnage
監督 Roman Polanski
（ロマン・ポランスキー 1933 年生）
2011 年、仏独ポ西映画

完膚なまでのアメリカ社会風刺
批判コメディの痛快さ

　ポーランドの世界的巨匠ロマン・ポランスキーが数々の傑作のなかで別人のような演出の異色映画を製作した。原作はヤスミナ・レザによる戯曲「大人は、かく戦えり」（Le Dieu du carnage）で舞台劇の映画として場面は個人の自宅とエレベーター・ホールそして登場人物は4人だけである。

　登場の四人は今映画界で演技派として名高いジョディ・フォスター、ジョン・C・ライリー（金物屋ロングストリート夫妻）ケイト・ウィンスレット、クリストフ・ヴァルツ（企業訴訟弁護士カウワン夫妻）で二組の夫婦を演じている。

　事の発端は 11 歳の子供同士の喧嘩、弁護士夫妻の子供が金物屋のガキ大将の集団の言葉の暴力による苛めに切れて棒切れで逆襲し、ガキ大将に歯や唇に怪我をさせてしまう。弁護士夫婦が謝罪と和解書署

名のために金物屋の自宅を訪問するところから話は始まる。（この喧嘩を初っ端の遠景で捉える構図をタイトル代わりに使ったアイデアの斬新性！）

　冷静で紳士的対応をする金物屋そして心から詫びている様子の弁護士の妻、だがその円満な示談で終わるかのように見えた時、弁護士の携帯電話が鳴り響いた。丸聞こえの弁護士の権謀術数の電話指示によって、和解の前途に暗雲が垂れこめる。

　上辺の偽善や欺瞞の和解は社会の成立には不可欠かもしれない。しかし一旦均衡が崩れた時、それは果てしない泥仕合となり、人間の本性である心に潜む休眠中の悪魔をたたき起こしてしまう。

　この映画の鍵は小道具としての IT 社会のシンボルの携帯電話である。弁護士にかかる携帯電話、それは訴訟社会の醜悪なアメリカ社会の象徴といえる。そして金物屋にかかる携帯電話、それは別居している老いた母親から愚痴、庶民の象徴といえる。この映画の演出はいわば階級差を隠喩する二つの携帯電話が鳴り響く間合いの圧倒的〈ばつの悪さ〉の応酬であり、メリハリの利いた演出といえる。

　悪魔が目覚めると人間は隣人愛どころか礼儀作法すら喪失、単なる我欲と自己愛だけが、猛烈な勢いで延焼をもたらし、結果的にはそれは夫婦の絆まで破壊してしまうのである。この映画は観客に爆笑を誘うが、まさにその笑いの源泉はアメリカ社会の偽善そして人間悪に存在するのである。

　本来の対話による社会共同体を訴訟と言う手段で破壊してしまうアメリカ社会（余談だが TPP の ISD 条項の危険性はここにある）、アメリカの独善的な慈善や民主主義の押しつけ（金物屋の妻はアフリカでの不正に怒るが、それはあくまでもアメリカ的な上からの目線）、虚飾のアメリカ社会（弁護士の妻がハンドバッグをほうり投げられ、散乱する化粧道具に対して動揺・激怒する姿その一方で、金物屋の妻の大切な美術限定版の書物に無頓着な反吐の噴射との対比）、アメリカの格差階級社会（セレブと庶民、無学の夫への軽蔑など）を露骨にあ

ぶり出すこの映画の面白さは尽きない。僕はそもそもコメディには興味はないが、これほど優れた奥行きのある作品は見たことがない。

　ポランスキーはユダヤ教徒のポーランド人の父親とカトリック教徒でロシア生まれのポーランド人の母親の間に、フランスの首都のパリで生まれ、母親がアウシュビッツで虐殺され、そして父親は強制労働で辛うじて生き残った。彼自身両親が収容される前にゲットーの鉄条網を切って逃れた。

　ポランスキーは『水の中のナイフ』で監督デビューした、その後アメリカに渡り、『チャイナタウン』『テス』など名映画を監督する一方、不幸な事件、『ローズマリーの赤ちゃん』のシャロン・テート殺人事件、自分が被告になる少女暴行事件など、アメリカは鬼門の国である。アメリカに入国すれば直ちに収監される身である。従って「戦場のピアニスト」でアカデミー賞監督賞を受賞した際、授賞式に出席しなかった。2009 年スイスで捕縛されアメリカが身柄引き渡しを要請したがスイス政府は拒否し釈放した（現在フランスにて市民権を持つ）。この映画でポランスキーが少女暴行事件で〈冤罪と主張しているが〉とされたアメリカに対する怨み骨髄の感情を笑いで表現させていると言って良いだろう。

　1978 年にフランスに移り、市民権を取得した。1979 年の作品『テス』で主演をつとめることになるナスターシャ・キンスキーとは、彼女が 15 歳の頃から性的関係を結んでいた。2010 年に女優のシャーロット・ルイスが「わたしもロマン・ポランスキーの被害者のひとり。彼は 16 歳のわたしに最悪の方法で性的虐待を加えた」と記者会見で公表、監督のアパートで虐待を受けたことを明らかにした。1989 年に女優のエマニュエル・セニエと 3 度目の結婚をしている。とにかく犯罪については真相は藪の中だが、天才的能力を持つ巨匠であることは確かである。

Height	Weight	Measurements	Bra size	Eye color
168	56	87-64-87	75A	Hazel

Juliette Binoche

ジュリエット・ビノシュ

1964 年 3 月 9 日、フランス・パリ 12 区に生まれる。Conservatoire national supérieur d'art dramatique (CNSAD) に在学した経験がある。

『トリコロール／青の愛』（1993）にてヴェネツィア国際映画祭女優賞、『イングリッシュ・ペイシェント』（1996）にてベルリン国際映画祭銀熊賞とアカデミー助演女優賞，『ショコラ』（2000）でアカデミー主演女優賞、『トスカーナの贋作』（2010）にてカンヌ国際映画祭女優賞を受賞。

主な出演映画

『汚れた血』
『存在の耐えられない軽さ』
『ポンヌフの恋人』
『トリコロール／青の愛』
『イングリッシュ・ペイシェント』
『ショコラ』
『隠された記憶』
『トスカーナの贋作』
『アクトレス〜女たちの舞台〜』

04

試練

（日本未公開につき直訳）

原題　L'Épreuve
英語題名 : A Thousand Times Good Night
監督 Eric Poppe
（エリック・ポッペ、1960 年生）
2013 年、ノールウエイ映画

ジャーナリズムとは何なのか？
正義なのか自己欺瞞なのか？

　最近のジャーナリズムに関する映画ではロザムンド・パイクが好演したメリー・コルヴィン（シリアで 2012 年殉死）を描いた『プライベート・ウォー』が説得力を持って、彼女の殉死の正当性を説いたし僕も納得した。日本ではカメラマン沢田教一が 1970 年カンボジアで殉死して、世界がその勇気ある死を讃えた。

　ノールウエイの監督エリック・ポッペ（Eric Poppe）による映画で、僕はパリ留学中にフランス語字幕でみた映画だったと記憶する。映画は女流写真報道家を描いて、ジャーナリズムというものを考えさせる映画である。ジャーナリズムは報道・表現の自由として民主主義の根底をなすものであり、権力の腐敗、国家や権力の隠蔽工作、さらには

国際的には世界の戦争や悲惨な状況を暴き出すという使命がある。だからこそワシントン DC に命をかけ命を落としたジャーナリストを手厚く尊重する為のニュージアムがある。

　「全ての人々の為の報道の自由、表現の自由、そして自由な精神」を守る趣旨である。ジャーナリストとて売名行為として一攫千金を狙って、危険を覚悟で紛争地帯に身を投げ出すものもいるだろう。パパラッチ的興味本位なのか正義感に燃えたそれなのか、殉死したジャーナリストの定義は何なのか？＜無私の立場で生き生きと報道しようとしていた。しかし凶弾に倒れ、あるいは虐殺された＞というのも納得できるようで、なかなか判断の難しいところだ。勿論ここで個人の野心や冒険心を否定しているわけではない。そうではなくて、その行為の中に何か＜人間としての正義の使命感＞のようなものがあるか否かと期待してしまう。

　この映画は今や世界的演技派女優であるジュリエット・ビノシェが主演の女流写真報道家を演じている。彼女は出世作、ミラン・クンデラの『存在の耐えられない軽さ』でチェコのソ連軍侵入の理不尽をとらえる写真家を演じていたことが、この映画の写真家と奇妙な関連性があるように思えた。

　映画は、世界の不正と悲惨を写真を通じて世界に伝える使命感を持った世界的な女流写真家とその家族との愛と葛藤を描いている。きめ細かい心理描写にビノシュの天才的演技があって、この映画に深みを持たせている。ビノシェあってこその映画といえるだろう。見事な表情の演技だ。

　得てしてジャーナリズムの陥るところは、功を焦る為に＜ヤラセ＞とも解釈しうる超えてはならない一線を超えてしまうところにある。映画は冒頭アフガニスタンの自爆テロを描いているのだが、彼女はその自爆女性に密着取材をするのだ。テロのあとぼろぼろに肉の破片に化する自爆テロリストが出陣まえに仮の墓に横たわり、死後の状態を自分で納得させる場面や爆弾を装着する場面の撮影さらに自爆の寸前

までの密着を懇願するマニアックな彼女だが、それこそが、テロリストを煽り＜確信＞まで追い込み、悪いことに最初の標的とは異なる無辜の市民巻き込みの自爆へとかき立てたようにも見える。写真家自身もあわやというところで重傷を負う。映画ではアメリカ国防省（ペンタゴン）が激怒し、彼女の危険地域の立ち入りを永久禁止、写真発表の禁止措置まで取るのだった。

　そんな彼女だが、まさに正義の戦いだと思い込む確信犯でもあり、危険愛好（risk lover)の性癖は変らない。ダブリンの家庭には最愛の夫と二人の女子がいる。夫は遂に切れ、彼女も一旦は写真家を辞めると決意するのだが……。

　色々軋轢そして相互理解の家族を描いて、実に良くできた映画だが、ある出来事をきっかけに再度、危険愛好家へ逆戻りした彼女が、再びアフガニスタンの自爆テロを追う。今度はいたいけな少女自爆である。写真家は爆弾装着の場面、少女の表情を捉えようと何度もシャッターを押そうとするが押せない、そんな繰り返しのなかで、写真家は＜正義＞とは裏腹に＜人間としてあるべき自分＞とは果たして何か？葛藤が遂に芽生え、その自問自答の中で＜真のジャーナリズムとは何か？＞という問いに回答を得たと僕は解釈をした。こんな映画を是非日本で公開してほしいものだ。

「新聞の中で唯一、信頼できる事実が書かれているのは広告である。」
Advertisements contain the only truths to be relied on in a news paper.
　～ Mark Twin（マーク・トウェイン）

「恐るべきは、新聞記者に非ず。彼らは時勢の従属なり。其の指導者に非ず。彼等は時勢の要求に反して何事をも語り得る者に非ず。」
　～内村鑑三

Nicole
Kidman

ニコール・キッドマン

主な出演映画

『バットマン フォーエヴァー』
『誘う女』
『アイズ・ワイド・シャット』
『ムーラン・ルージュ』『アザーズ』
『めぐりあう時間たち』
『ドッグヴィル』
『コールド マウンテン』
『奥さまは魔女』
『ライラの冒険 黄金の羅針盤』
『オーストラリア』『NINE』
『ラビット・ホール』『パディントン』
『LION/ ライオン〜25年目のただいま〜』
『アクアマン』

1967 年 6 月 20 日、アメリカ・ハ
ワイ州ホノルルに生まれる。4 歳
からバレエを習い始め、Australian
Theatre for Young People で発声
や演劇史を学ぶ。『めぐりあう時
間たち』（2002）にてアカデミー
主演女優賞とベルリン国際映画祭
銀熊賞、ゴールデングローブ賞は
4 回、主演女優賞受賞。

主な出演テレビドラマ

『私が愛したヘミングウェイ』
『ビッグ・リトル・ライズ』
『トップ・オブ・ザ・レイク〜チャイナガール』

舞台

『Photograph 51』

Height	Weight	Measurements	Bra size	Eye color
180	57	86-61-89	75A	Blue

05

アラビアの女王

原題　Queen of the desert
監督 Werner Herzog
（ヴェルナー・ヘルツォーク、1942 年生）
2015 年、ドイツ映画

目に見える感情を推しはかるほど
難しいことはない。

　　　　　　　　　　〜ガートルド・ベル

There is nothing more difficult to measure than the value of
visible emotion.

　　　　　　　　　　　　　-- Gertrude Bell~

　偏執的執念を持った人物を描くのが得意なドイツの巨匠ヴェル
ナー・ヘルツォークの映画である。作品としては『フィッツカラルド
Fitzcarraldo』『キンスキー、我が最愛の敵 Mein liebster Feind』『神に
選ばれし無敵の男 Invincible』がある。現在 85 歳ニュージャーマン・
シネマの生き残りだ。僕の認めるヴィム・ヴェンダーズなど、ある時
代を築いたことも事実だ。

　この映画は英国の富豪の娘に生まれ、オックスフォードで学んだ
ガートルード・マーガレット・ロージアン・ベル（Gertrude Margaret
Lowthian Bell CBE, 1868 年 - 1926）を描いた。頭脳明晰だった彼女は
オックスフォード大学レディー・マーガレット・ホールで現代史を学

び、弱冠 20 歳で最優等の成績をおさめ卒業する。ヴィクトリア朝時代のイギリスでは女性の大学進学はごく稀であった。

　社交界に辟易としたベルは 1892 年、ペルシャ公使としてテヘランに赴任していた伯父を頼り同地に旅立ち、公使館員の一人と交際するようになるも、翌年には愛を誓った相手が急逝してしまう。女性に飽き足らず、ベドウイン文化に熱中し、その自由さ、その詩的感覚に惚れ込み危険な時代に女性で砂漠を旅した。

　1911 年にはメソポタミアとシリアへ旅行し＜アラビアのローレンス＞と初めて出会った。1914 年にはアラビア半島奥地へと旅立つが、旅程半ばにして第一次世界大戦が勃発、オスマン帝国の参戦により、ベルは帰国を余儀なくされ、赤十字に勤務、西部戦線に身を置くことになる。1915 年 11 月に彼女は、新設されたイギリスの外務省管轄下のアラブ局のカイロに置かれた諜報機関の情報員として召集を受け、オスマン帝国に対するアラブ反乱に関与する。

　＜アラビアのロレンス＞は、マッカの戦い・マディーナ包囲戦・ターイフの戦い等の戦闘に参加していたが、1916 年 10 月にアラブ局へ召集を受けてガートルード・ベルと再会し、アカバ港やヒジャーズ巡礼鉄道線などへのゲリラ工作、ベルはバスラに上陸を果たしたイギリス軍と共にメソポタミアの地からオスマン帝国を一掃する作戦の援護に携わる。

　現地からロンドンに送られた彼女の報告の内容は細密な分析を極め、イギリスの政策の批判までしている。イギリス軍のバグダード占領後、占領軍の一員としてベルは行政に携わり、アラブ人の陳情を多く受けた後、ロレンスとともにパリ講和会議に参加、アラブ人への公約を果たすべく尽力を重ねるが、実らなかった。すでに 1917 年英仏間でサイクス・ピコ協定が締結されており、列強間の利害の前に中東の地はイギリスとフランスの委任統治領として分割が決まった。

　1921 年 3 月 21 日、カイロでイギリスの陸相チャーチルの主宰により、イラクの今後の統治について検討する会議ではベルはフランス

によってダマスカスを追放されていたファイサルをイラクの国王に据え、アラブ人の手になる仮政府を樹立させ民政に移管するという「フセイン・マクマホン協定」だが、戦後のアラブにおける英仏の勢力圏を画定した前出の「サイクス・ピコ協定」の内容と明らかに矛盾しており、この英仏の三枚舌外交は現在に禍根を残している。チャーチルもベルの案に賛同、本国にベルの案を打電した。

　クルド人の北部、アラブ人（スンニ派）の中部、アラブ人（シーア派）の南部、それにペルシャ人、ユダヤ人、キリスト教徒などの地域が複雑に入り組んでいる地域の国境をどう画定するか？

　ベルは上記の３つの地域で一国を構成されるべきという持論を曲げなかった。この会議に同席していたロレンスは「クルド人地域のみトルコへのバッファー・ゾーンとしてイギリスが直接統治を続けるべき」という意見を出した。しかしベルはこれに耳を貸さず、ここにイラクの領土は画定された。イラクの建国の母と言われる由縁はここにある。映画はこのあたりまでを描いているが、あの男尊女卑の時代にここまで女性として、やり遂げた成果に関して頭が下がるのだ！

　本物のガートルードは美女でもなんでもないのだが、それに扮する世紀の美女ニコール・キッドマンが美しすぎるほど素晴らしく、まさに映画としてこの実在のヒロインを楽しめる。クラシックな恋愛二回、相手の男は二人とも非業の死、一生独身でイラクで自殺か睡眠薬の飲み過ぎで亡くなったらしい。

　流石ヴェルナー・ヘルツォークの画面は限りなく美しい。

　最期に、ヘルツォークの言葉、「事実は時として奇妙で、へんてこな力がある。それは本来の真実を信じ難くしてしまうからだ」。
Facts sometimes have a strange and bizzare power that makes their inherent truth seem unbelievable. Werner Herzog

Julia
Roberts

ジュリア・ロバーツ

1967 年 10 月 28 日、米国ジョージ
ジア州スマーナに生まれる。米国
籍。『エリン・ブロコビッチ』(2000
年)にてアカデミー主演女優賞、
ゴールデングローブ賞主演女優賞、
ゴールデングローブ賞はその他 2
回受賞(『マグノリアの花たち』
1989 年、助演と『プリティ・ウー
マン』1990 年主演)。

主な出演映画
『マグノリアの花たち』
『プリティ・ウーマン』
『ベスト・フレンズ・ウェディング』
『ノッティングヒルの恋人』
『プリティ・ブライド』
『オーシャンズ』シリーズ
『クローサー』
『食べて、祈って、恋をして』
『8 月の家族たち』
『ノーマル・ハート』
『ワンダー 君は太陽』

Height	Weight	Measurements	Bra size	Eye color
175	57	86-61-86	70B	Light Brown

06

エリン・ブロコビッチ

原題 Erin Brockovich
監督 Steven Soderbergh
（スティーブン・ソダーバーグ、1963 年生）
2000 年、アメリカ映画

この仕事をして生まれて初めて尊敬された。
みんな私の話に耳を傾けてくれる

〜エリン

　エリン・ブロコビッチ（Erin Brockovich, 1960 年 6 月 22 日〜）は、アメリカ合衆国の環境運動家。正式な法律教育を受けていないにもかかわらず、1993 年にカリフォルニア州の大手企業 PG&E を相手取って訴訟を起こし、3 億 3300 万ドルの和解金を勝ち取った女性。

　PG&E はその工場の敷地内に高濃度の六価クロム溶液を 10 年以上の長期に渡って大量に垂れ流し地域の地下水を汚染し続けた。巨額の公害賠償金の米国での最初の例になったものである。この実在の人物はなかなかの美人であり、話題性があったのでスティーブン・ソダーバーグ監督が、アメリカのトップ俳優ジュリア・ロバーツを主人公に起用したのだ。

　彼女の熟女としての絶好調の女性の魅力を発散する時期に、まさに読み通り大成功の映画であり、主演のジュリア・ロバーツの演技は絶賛され第 73 回アカデミー賞をはじめ、ゴールデングローブ賞 主演女優賞（ドラマ部門）、英国アカデミー賞 主演女優賞、ナショナル・ボード・オブ・レビュー 主演女優賞、全米映画俳優組合賞、ロサンゼル

ス映画批評家協会賞女優賞など数多くの賞を受賞した。余談だが本物のエリンはカメオとして、映画にて女給として顔を出している。

　粗筋はこうだ。ネットによれば：3人の子供を抱えるシングル・マザーのエリンは子供を抱えていては職探しもままならず、信号無視の車に衝突される交通事故に遭う。こちらに過失のない事故だから絶対に勝てると弁護士のエドワードはエリンの弁護を請け負うが、陪審員の目には加害者が医師であるのに対し、エリンは社会的な信用が低く、証言時の言葉遣いの悪さも災いして、金目当ての当たり屋と相手側に匂わされた結果、敗訴してしまった。

　事故で負傷したにもかかわらず賠償金を得ることも出来ず、生活に窮したエリンはエドワードに、勝てる裁判で負けたのだから代わりに仕事を斡旋するように要求、半ば強引に彼の事務所で働くようになる。

　そこで舞い込んできた事件がこの冒頭説明の訴訟事件、彼女がいわば法律家でない素人の正義感できめ細かく住民を回り、自ら水質や死んだカエルなどを拾って帰り、分析を依頼するなど、血の通った対応により住民たちの信頼を集めたことが、かかる莫大な訴訟の成功の原因と考えられる。

　弁護士エドワード事務所は田舎の事務所ながらスタッフはいるが資金力もない、そこでタッグを組んだ有名弁護士事務所のスタッフと火花の対立を繰り返し、相手がまさに、訴訟によって儲けるというアメリカの典型的訴訟屋（成功報酬での莫大な分前目当ての）であり、住民に取っては、血の通わない対応で評判が悪く、エリンの人望は凄いものだったと言われており、この辺りのジュリア・ロバーツの演技はど迫力であり、彼女の作品の中でも最高であることは間違いない。

　最後に公害訴訟として日本の場合、足尾鉱毒事件があり、19世紀後半の明治時代初期から栃木県と群馬県の渡良瀬川周辺で起きた、日本で初めての公害事件となる足尾銅山鉱毒事件である。ここで活躍したのが田中正造であり、のちに天皇直訴事件を起こした（直訴は最悪極刑となる）人物であり衆議院議員でもあった。銅山の開発により排

煙、鉱毒ガス、鉱毒水などの有害物質が周辺環境に著しい影響をもたらし、1890年代より栃木の政治家であり衆議院議員選挙に当選6回であった田中正造が中心となり国に問題提起するものの、加害者決定はされなかった。

　さてなぜここに田中正造を引用したかというと、日本のこの時代の人たちの自分の利害など全くなく、下手したら天皇直訴により極刑の死のリスクを構わずに立ち上がった人物で、アメリカ文化と比較して、エリンは正義感は断固としてあるものの、やはり子供3人を抱えたシングル・マザーの自分が生きる為として金銭と訴訟報酬額が大きなインセンティブを占めていることだ。ここが日本の過去の話とは異なる。

　今や日本も対価が弁護士が取り上げる大きな条件であることは、それを金目当てと侮っても時代の流れは逆らえない。当然の話であり、あまり田中正造の話を美談として語ることは、浪花節としては日本人の心に響くが、価値観の押しつけは、今の時代にはもう無理だ。

　宗教の倫理道徳やある人間の金銭を離れた価値観など、保守主義はそれをあたかも日本人の規範であるかのように押し付けるが僕は絶対的自由主義の立場として反対する。宗教や価値観の押し付けほど危険な思想はないからだ。

　ここでわが日本人の名言を。

　「真の文明は、山を荒らさず、川を荒らさず、村を破らず、人を殺さざるべし。」〜田中正造

　「身の死するを恐れず、ただ心の死するを恐るるなり。」

　「山中の賊に克つことは易しく、心中の賊に克つことは難し」

　「四海困窮せば天禄永く絶えん、小人に国家を治めしめば災害並び到る」〜大塩平八郎

Naomi
Watts

ナオミ・ワッツ

1968 年 9 月 28 日、
英国ケント州に生まれる。
国籍は英国と豪州の二重国籍。

主な出演映画

『マルホランド・ドライブ』
『ザ・リング』シリーズ
『21 グラム』
『キング・コング』
『インポッシブル』
『バードマン あるいは
　（無知がもたらす予期せぬ奇跡）』
『ダウントン・アビー』

Height	Weight	Measurements	Bra size	Eye color
165	57	84-64-86	70A	Blue

07

イースタン・プロミス

原題 EASTERN PROMISES
監督 Daavid Cronenberg
（デーヴィッド・クローネンバーグ、
1943 年生）
2007 年、アメリカ映画

ロシアン・マフィアの
非情な掟に輝く透明感のある一つの人間愛

　ロシアという国は平たくいえば領土の地下資源を売ることにより外貨を得て、完成品を輸入しロシア国内で消費するという単純な経済構造がある。すなわちロシアには資源なき戦後日本の高度成長のような経済モデルは存在しない。簡単に言えば略奪経済構造であり、それは核武装による強力な軍事力と独裁により支えられている。

　このような単純な経済構造だから、当然の成り行きとしてソ連時代ではKGBの隠れ蓑が、そしてソ連崩壊後はKGBの後継FSBなどが、ロシアン・マフィアとの間に、その資源はもとより人身売買など含む闇利権を巡って、時には協力し時には鬩ぎ合う構図がでてくるのである。その巨悪として大統領の利権が絡み、まさに国家全体がマフィア

帝国と看做しても言い過ぎではない。

　この映画はそういったロシアン・マフィアが海外で犯罪オペレーションを行う一端を描いた作品である。イースタン・プロミスとは売春組織名ではあるが、プロミスとは西側に出て行けば、現在の閉塞された社会から抜けることができる希望の地という意味である。ソ連や東欧が崩壊した後、西欧を始め世界の売春はまさにこれらの国からプロミスを求めた女性から成り立っている。ロシアン・マフィアの甘言に夢を持ち、国外に出るや否や、タコ部屋と麻薬により奴隷のような境遇に置かれている女性たちは何処も同じ運命である。

　物語の筋はロンドンの病院で助産婦をしているアンナ（ナオミ・ワッツ）のもとに、重体のロシア人少女が運び込まれる。母は出産時命を失い、辛うじて命を得た赤ん坊と母の日記が残された。その日記から、この少女の背後にロシアン・マフィアの存在が明らかになっていく。

　ロシアン・マフィアに雇われているヤクザっぽく、無骨であるが心優しい男ニコライにヴィゴ・モーテンセンが扮する。このニコライが、いつもアンナの窮地を救い、その叔父や赤ん坊を守るのである。映画を見るうちに、このニコライは実はロシアでの服役囚時代にKGB（FSB）が目を付け、アンダー・カバーとして海外のロシアン・マフィアに入り込む特務があることが分かる。そしてニコライとスコットランド・ヤードの慣れ合い関係なども明らかになる。

　FSBだからニコライはアンナや赤ん坊や叔父を助けたのだと短絡的に解釈してしまったらこの映画の面白さは半減する。つまりFSB組織とは通常の西欧諸国の正義を楯とするような情報機関ではなく、ロシアン・マフィアを支配せんとする赤裸々な野望をもった悪の組織でもある。最後にニコライが傀儡のマフィア・ボスを横に、悠然と葉巻を吸って実質親分を演じているシーンが象徴的である。

　デヴィッド・クローネンバーグ監督は、マフィアの世界に住むニコライという男の心理・行動形態を繊細に描くことを通じて、アンナや赤ん坊を守る男の優しさを感動的に観客に訴えているのである。何も

ニコライを正義の FSB 工作員として描いているのではなく、ワルの中の男らしさ、優しさを描いているのである。それは日本の任侠道にも通じる。

　圧巻はスチーム浴場で刺青だらけの全裸体で刺客二人と格闘する場面である。風呂場を転げまわる姿が痛々しい。こんなニコライの本物のロシア人の雰囲気は、モーテンセンの喋るロシア語さらにはロシア訛りの英語に因る。それに独特の身振り手振りには、生活を共にしたというロシアン・マフィアそのものの武骨さと下品さが籠っている。モーテンセンの役者としてのプロ根性には見上げたものである。

　クローネンバーグは 1943 年にトロントのリトアニア系ユダヤ人家庭に生まれた。実際の先祖はデンマークらしく、彼も一年間この地に住んだという。彼の映画はどこか北欧の風味があるのはその DNA のせいかもしれない。なによりもユダヤ人という宿命が切り離せない。ユダヤの民族意識は「ある地域に定住する民族」という簡単な図式ではない、コスモポリタンとしての要素がある。

　この映画はロシア人、ウクライナ人、チェチェン人といった民族や文化意識が縦軸として、そこに入れ墨で実績が評価されるマフィア集団の掟、家族愛、博愛などが横軸として人間の宿命を描いているようである。

　クローネンバーグ監督ほど作風が進化する監督も珍しい。初期のホラー映画である『ヴィデオドローム』(1982 年)、『裸のランチ』(1991 年)など評価はともかく個人的には身の毛もよだち吐き気さえ催す。この映画でナイフで切り裂く喉や胸の亀裂の生々しさはこのホラー効果かも知れない。

　『クラッシュ』(1997 年)(アカデミー賞の同名映画ではない)を経て「人間の愛」を描く方向に作風を変えたのは、『ヒストリー・オブ・バイオレンス 』(2005 年) 以来である。組織に属する人間の宿命を描くのがライフ・テーマではないだろうか。

Renée Zellweger

レネー・ゼルウィガー

1969 年 4 月 25 日、米国・テキサス州ベイトンに生まれる。
国籍はアメリカ。
1991 年、テキサス大学オースティン校（英文学）を卒業。
『コールドマウンテン』（2003 年）にてアカデミー助演女優賞、『ジュディ　虹の彼方に』（2019 年）でアカデミー主演女優賞、ゴールデングローブ賞は 4 回受賞。

主な出演映画
『ザ・エージェント』
『ベティ・サイズモア』
『ブリジット・ジョーンズの日記』シリーズ
『シカゴ』
『コールド マウンテン』
『シンデレラマン』
『ミス・ポター』

Height	Weight	Measurements	Bra size	Eye color
163	53	86-61-89	70B	Blue

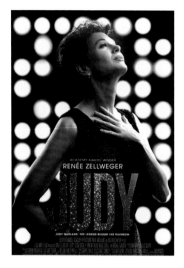

08

ジュディ ジュディ
虹の彼方に

原題
監督 Rupert Goold
（ルパート・グールド、1972 年生）
2019 年、米英合作映画

夜の静けさの中で私は千の人々の喝采よりも
愛する人からの一言が欲しい。
最大の宝物は目には見えない。それは心の中にある。

ジュディ

　ジュディの人生は一見大成功に見えるが、実は彼女の上記の言葉の
ように愛に飢えた満たされないものだったようだ。1965 年にはシド
ニー・ラフトとも離婚。その後、2 度結婚している（生涯に 5 回結婚）。
1969 年 6 月 22 日に滞在先のロンドンで、睡眠薬の過剰摂取にてバス
ルームで死去。自殺とする説もある。47 歳だった。

　彼女には莫大な収入があったがその大半を浪費してしまっており
（1960 年代後半には家賃の工面にも難儀するほどの苦境に陥ってい
た）埋葬の費用にも事欠いたという。長女のライザ・ミネリは、「母
はハリウッドが大嫌いだった」「母を殺したのはハリウッドだ」と発
言し、ハリウッドではなくニューヨークで葬儀を執り行い、ニューヨー

ク郊外の墓地にジュディを埋葬した（2017年になって遺族の意向によりハリウッドへ墓所が移されている）。

　この映画はジュディ・ガーランドの伝記映画であり監督はルパート・グールド、主演はレネー・ゼルウィガーが務めた。本作は2005年に初演されたピーター・キルター脚本の舞台劇『エンド・オブ・ザ・レインボー』を原作としている。

　信じらないことにゼルウィガーは全ての歌唱シーンを本職の歌手による吹き替えなしでこなしているのだ。当然とはいえ、第92回アカデミー賞をはじめ、ゴールデングローブ賞など数多くの映画賞で主演女優賞を受賞した。

　ジュディ・ガーランドは『オズの魔法使』（1939年）でハリウッドのスターダムへと駆け上がったが、次第に薬物依存や神経症に苦しめられるようになり、そのことがキャリアにも暗い影を落とすようになった。

　1968年、ジュディはロンドンで5週間にも及ぶ連続ライブを敢行することになった。当初、精神的にボロボロになっていたジュディは舞台に立つことすら危ぶまれていたが、必死の思いで何とか一日目をやり通すことができた。舞台に上がった瞬間、ジュディは往時の輝きを取り戻して圧巻のパフォーマンスを披露したのである。

　本作は最晩年のジュディに焦点を当て、彼女の知られざる苦悩、子供たちへの深い愛情、ミッキー・ディーンズとの晩年の恋を主題に描いている。

　僕が感動したのは、ひとえにゼルウィガーの職人肌の演技力によるもので、彼女のチャーミングな表情など、彼女の演技力に引きつけられていくように、まさに毀誉褒貶が多く、それでいて子供を愛して愛し、純真で満たされない愛に飢えた1人の天才歌手の晩年で、彼女の映画がまさにそんなジュディの苦悩と不幸とアンビバレントな愛のかたちを見事に演じているのだ。

「あなたがささやいたのは、私の耳ではなく、私の心。あなたがキスしたのは、私の唇ではなく、私の魂。」

For it was not into my ear you wispered, but into my heart. It was not my lips you kissed, but my soul.

　「私はお金なしでも生きていける。でも私は愛なしには生きていけない。」

I can live without money, but I cannot live without love.

　見ていて見ていてかわいそうで気の毒でそしていじらしくなるほどこちらも感情移入させられてしまうのだ。独特の動作など彼女は職人芸人としてジュディを徹底的に研究したと思われる。

　最後ロンドンでの失態で永久追放されたのち、どうしても歌いたいと突然出場し（客のチケットは追放前に買ったジュディのチケット）その素晴らしい歌唱に観客はスタンディングオーベイションの場面は圧巻だ。その後彼女が＜虹の彼方に＞を歌うのだ。全てゼルウイガーの歌と言うから素晴らしい。

　最後に彼女の言葉
「とにかくいつも自分自身の最高を尽くすのよ。誰か他人の二番煎じじゃだめなのよ。」
Always be a first-rate version of yourself, instead of a second-rate version of somebody else.

「私たちは貴重な時間の中で夢それは想像からのあらま欲しけれのようなもの、それは幻想に夜もの、そんなものには決別して現実に戻らなければならないのよ」
We cast away priceless time in dreams, born of imagination, fed upon illusion, and put to death by reality.
　　　　〜ジュディ・ガーランド Judy Garland

Cate
Blanchett

ケイト・ブランシェット

1969 年 5 月 14 日、オーストラリア・メルボルンに生まれる。国籍はオーストラリア。
1992 年、オーストラリア国立演劇学院卒業。
『アビエイター』（2004 年）にてアカデミー助演女優賞、『ブルー・ジャスミン』（2013 年）にてアカデミー主演女優賞、『アイム・ノット・ゼア』（2007 年）にてヴェネツィア国際映画祭 女優賞、ゴールデングローブ賞３三回受賞。

主な出演映画
『エリザベス』シリーズ
『ロード・オブ・ザ・リング』シリーズ
『アビエイター』
『バベル』
『あるスキャンダルの覚え書き』
『アイム・ノット・ゼア』
『インディ・ジョーンズ / クリスタル・スカルの王国』
『ホビット』シリーズ
『ブルージャスミン』
『シンデレラ』
『キャロル』
『マイティ・ソー バトルロイヤル』

Height	Weight	Measurements	Bra size	Eye color
176	56	91-68-91	70B	Blue

ベンジャミン・バトン
数奇な人生

原題 The Curious Case of Benjamin Button
監督 David Fincher
(デヴィッド・フィンチャー、1962 年生)
2008 年、アメリカ映画

中途半端に変わるということはできないのよ。
完全なる革命か、さもなければ無よ。

ケイト・ブランシェット

　映画をみてインドの諺「お前が生まれたとき、お前は泣き、周囲の
人は喜んだ。お前がこの世を去るとき、みんなが泣いても、お前は微
笑むことができるように生きるがいい」をふっと思いだした。人間生
まれたときの赤ちゃんほど知能が発達していないが可愛いものはな
い、他方死んでいく老人は赤ちゃんのようには可愛くもない、アルツ
だったら介護含めさらにさらに大変である。露骨に言えば、老人問題
のそもそもの原点はここにある。

　この映画は、2008 ファンタジー・ドラマであり、1922 年に書かれ
た F・スコット・フィッツジェラルドによる短編小説をもとにエリッ
ク・ロスとロビン・スウィコードが脚本を執筆し、デヴィッド・フィ

ンチャーが監督した。なお、フィンチャーと主演のブラッド・ピット
の二人にとっては『セブン』『ファイト・クラブ』に続くコンビ作品
となった。

　第81回アカデミー賞では作品賞を含む13部門にノミネートされ、
美術賞、視覚効果賞、メイクアップ賞を受賞した。

　母親がお産で死んで、生まれてきた赤ん坊が８６歳の身体機能しか
持たない老人風の化け物であり、驚いた父親はそれを"赤ちゃんポス
ト"に捨て子として養老院に置き去りにする。そこを経営する信心深
い黒人女性がその子を一生懸命に育てる。この子は成長するに従って
若返って行く。そして恋愛、その相手は普通に年老いていく。従って
二人の適齢期は重なるが、今度は一方は老婆となり片方は赤ん坊にな
るという話である。

　発想は奇抜であり評価できる点はあるが、その奇抜さだけであまり
その中での人生の描き方が細やかでもないし、雑で味がない、まさに
アメリカ的な発想でしかないような出来事の積み重ねを描いていると
ころが限界である。そこは素直にユーモアとかパロディとか言った遊
び心で観るのがよい。二時間四十分という長丁場であるが、それほど
退屈はしないのは俳優あってこそである。サントラの旋律だけはなか
なか盛り上がる。

　見どころは主人公ベンジャミンに扮するブラッド・ピットのＣＧを
利用した年寄りから若返って行く姿の面白さである。ブラピの売り出
しのころのあの格好のよい姿や皺ひとつない肌つやがＣＧを通じて再
現されるのである。もちろん主演賞候補に挙がっているだけに演技も
抜群である。

　それに恋人役のケイト・ブランシェットの演技力がある。病院の死
の床で娘にベンジャミンの思い出を語る老女の演技、そして若いころ
の溌剌としたバレリーナ姿、そして熟女から老女までの「妖怪変化」
の変わりようの素晴らしさ、まさに名人芸といえる。

　冷血の女の代表女優と言われるティルダ・スウィントンが珍しく、

ベンジャミンが憧れる外交使節団（スパイ）の人妻に扮して怪しい関係を演じるが、まあ相変わらず色気のないこと！ややミスキャストではないかな！

　養老院の経営者に黒人女優タラジ・P・ヘンソンがなかなかオーラのある演技をしているが助演女優賞にノミネートされている。

　さてこのコラムでは、今を生きる女優で世界一と言って良いほどのケイト・ブランシェットという実力派演技派俳優は、僕は 20 年以上前から高く評価していた。彼女は最近名優を多く輩出しているオーストラリア出身だ。学生時代から演劇を学び、1992 年に舞台女優としてのキャリアを開始。その後、数々の映画作品に出演し、現在は舞台監督としても活躍。知的でクールな容姿と繊細な演技が魅力で、多くの賞を受賞している実力派女優だ。

　特に衝撃を受けたのは、彼女の『エリザベス』シリーズで、映画デビューから 4 年後の作品となる本作で＜エリザベス 1 世＞を熱演し、アカデミー主演女優賞にノミネート。その高い演技力が評価され、一躍トップスターに踊り出たのだ。

　何の役を与えられても、それを完璧に近いほどこなす演技力は世界 1 と言っても言い過ぎではないといまだに確信している。アカデミー賞を受賞した『アビエイター』（2004 年）や『ブルージャスミン』（2013 年）、大人気シリーズがオール女性キャストとなったリブート版『オーシャンズ 8』（2018 年）など、数々の話題作に出演して、その存在感を、映画の芯として求心力を持たせてしまうのである。この映画でもまさにその通り、さらに彼女の魅力ある雰囲気はとてもハイソなものでクラッシーと言える。これから老婆になっていくだろうが、永遠の名女優として活躍することだろう。

「人生はいろいろなチャンスに左右される。逃したチャンスも含めて。」
Our lives are defined by opportunities, even the ones we miss.
　〜ベンジャミンの日記より

1969 年 9 月 25 日、
英国ウエールズ州スウォンジーに生まれ
る。国籍は英国。
『シカゴ』（2002 年）にてアカデミー助演
女優賞、ゴールデングローブ賞主演女優
賞を受賞。

Catherine Zeta-Jones

キャサリン・ゼタ＝ジョーンズ

主な出演映画

『マスク・オブ・ゾロ』
『エントラップメント』
『トラフィック』
『ターミナル』
『オーシャンズ 12』
『ブロークンシティ』
『RED リターンズ』
『ダウントン・アビー』

Height	Weight	Measurements	Bra size	Eye color
170	58	94-62-91	75C	Light Brown

10

シカゴ

原題 Chicago
監督 Rob Marchall
（ロブ・マーシャル、1960 年生）
2002 年、アメリカ映画

「シカゴでは、正義はそれほど盲目ではない」
「あなたに必要なのはビリー・フリン、、、彼は女性の
クライアントの弁護では負けたことがないのよ。それ
に、あなたのような可愛い顔なら、シカゴでは、正義
はそれほど盲目ではない、と言えるわね」
「負けたことがないんですって？」
「一度もね」

〜シカゴより〜

　監督はロブ・マーシャルで脚本はビル・コンドン。ヒロインの 2 人
の女囚にはレニー・ゼルウィガー、リチャード・ギア、キャサリン・
ゼタ＝ジョーンズを配役。第 60 回ゴールデングローブ賞では作品賞
（ミュージカル・コメディ部門）・主演男優賞（ミュージカル・コメディ
部門）・主演女優賞（ミュージカル・コメディ部門）の 3 部門を受賞し、
第 75 回アカデミー賞でも作品賞・助演女優賞を始めとした 6 部門を

受賞した。

　1920年代のシカゴを舞台に、スターになることを夢見ながらも、刑事事件を起こし刑務所に収容され、争いに巻き込まれる主人公の波乱の人生と、最終的にスターダムへと上り詰める様子を描いている上映当時のアメリカ映画において、ミュージカル映画はヒット作に恵まれない状況が続いていたが、この映画は意外にも集客力を発揮した。ところでブロードウェイでロング・ランを続けているミュージカルとは、振付や登場人物に違いがあり、ナンバーも少ない。キャッチコピーは「この街では、銃弾一発で有名になれる。」

　実は殺人罪で服役する2人のヒロインにはモデルがいたのだ。殺人の罪で刑務所に入れられた女囚たちが（明らかな罪）無実を主張し、スキャンダルで世間の注目を集めながら無罪放免を勝ち取ろうと奮闘する、エゴの塊の女たちの復活ストーリーが面白いのだ。

　ブロードウェイミュージカルの映画化、という説明は決して間違っていないのだが、歴史を紐解いていくと事態はもう少しややこしい。『シカゴ』の物語は1924年にシカゴで行われた裁判から生まれた「シカゴ」という戯曲を下敷きにしており、ミュージカル舞台が生まれる以前に2度も映画化されているのである。その実在の事件とは何だったのかという疑問を持つ。

　中心人物はレネ・ゼルウィガーが演じたロキシーのモデルになったビューラ・アナンという若い女性と、キャサリン・ゼタ＝ジョーンズが扮したヴェルマのモデルになったベルヴァ・ガードナーというキャバレー歌手だった。ビューラ・アナンはケンタッキー州に生まれ、10代で早い結婚をするが、自動車整備工のアルバート・アナンと出会い、2人でシカゴに引っ越して2度目の結婚をする。ところがハリー・カルステットという愛人とも逢瀬を重ねるようになり、ある日、痴情のもつれからカルステットを射殺したとされている。まだ24歳の若さだった。ビューラは犯行の後、数時間繰り返し「フーラ・ルー」と

いう曲のレコードを聴いていたという。「彼女の名前はフーラ・ルー、決して誠実でいられない娘」という歌詞はまるで自分とそのまま重ね合わせることができる。ところで劇中でロキシーがかけるレコードが「フーラ・ルー」に似させている小細工が面白い。

　ビューラの主張は二転三転したが、身の危険を感じた上での正当防衛だと主張。夫のアナンが裁判費用を出してビューラを支えたことも、獄中から妊娠を公表して世の同情を集めたことも、無罪を勝ち取った後すぐにアナンと離婚したことも、すべて映画のロキシーと同じストーリーである。

　一方ヴェルマのモデルとなったベルヴァには 20 歳年上の夫がいたが、ある晩、彼女の車の運転席で愛人だったウォルター・ロウという男の射殺死体が発見。車の床にはジンのボトルと拳銃が転がっていた。ベルヴァは映画の通りに「酔っていて何も覚えていない」という主張を繰り返した。

　獄中のベルヴァは、新聞記者に対してかなり正直に真相を語っているのだ。「女が男に嫉妬して殺すような価値の男なんでいないでしょ？でもジンと拳銃、両方とも感情的させてしまうでしょ！その両方ともあったんだから？？？で当然じゃないかしら？」

　ベルヴァの弁護士は「自殺の可能性も否定できない」と強弁して無罪放免を勝ち取る。この時に担当した 2 人の人物を元に生まれたのが、映画版でリチャード・ギアが演じた敏腕だが金には細かい弁護士ビリー・フリンである（村山章氏のブログを参考にした部分あり）。

　この映画は今でも最も魅力のある女優 2 人が豪華にも出演している。この本でも、だからこそ 50 人の女優に取り上げた。さらにこの映画による映画賞獲得では、キャサリン・ゼタ＝ジョーンズはアカデミー助演女優賞を受賞、レネ・ゼルウィガーがゴールデン・グローブ・主演女優賞を受賞した。

Julie Delpy

ジュリー・デルピー

1969 年 12 月 21 日、フランス・
パリに生まれる。国籍はフランス。
2001 年に、アメリカ市民権を持つ
俳優であり、脚本家であり監督で
あり歌手でもある多才。
ニューヨーク大学で映画を学ぶ。

主な出演映画

『トリコロール / 白の愛』
『ビフォア・サンセット』
『ブロークン・フラワーズ』
『ハワード・ヒューズを売った男』
『パリ、恋人たちの 2 日間』
『ニューヨーク、恋人たちの 2 日間』
『ビフォア・ミッドナイト』

Height	Weight	Measurements	Bra size	Eye color
169	57	81-58-84	70B	Green

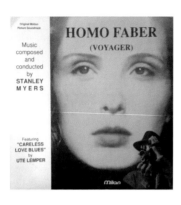

11

ボイジャー

原題 Homo Faber
監督 Volker Schlöndorff
（フォルカー・シュレンドルフ、1939 年生）
1991 年、アメリカ映画

統計学上確率論からしてあり得ない出来事だ。
各々の事象は過去を持たないからだ。
しかし人はそんなオッヅ（勝ち目）に群がるものだ。

Statistically there is no such thing as momentum in a game of chance.
Each act has no past. Nevertheless, one can speculate on the odds, in
this case…

シュレンドルフ

　フランスの女優ジュリー・デルピーには独特の惹きつけられる魅力
がある。ポーランドの今は亡き巨匠クシシュトフ・キェシロフスキ
（1941 年 6 月 27 日 - 1996 年 3 月 13 日）の「トリコロール」3 部作
の白の愛 Trois Couleurs: Blanc（1994 年）に出演、ポーランド人理髪
師のカロル（ズビグニェフ・ザマホフスキ）のフランス人の妻・ドミ
ニク（ジュリー・デルピー）より性的不能を理由に離婚を付きつけら
れる喜劇を演じている。いうまでもないが「トリコロール」3 部作は、
それぞれの作品が「自由（青）・平等（白）・博愛（赤）」を象徴して
おり、本作は「愛の平等」をテーマとしている。
　さらに、デルピーはイーサン・ホークとともに、リチャード・リン

クレイター監督の下、ベルリン国際映画祭などで高い評価を得た『恋人までの距離』の9年ぶりの続編『ビフォア・サンセット』2004に出演、2013年にはさらにその続編の『ビフォア・ミッドナイト』が公開された。恐らく、関係者が健在だと9年後の2022年にその続編が公開されると世界のファンは期待しているのだ。

　第二作目からはイーサン・ホークと脚本にまで関わり、アカデミー脚色賞にもノミネートされ、作中で自作の曲を演奏するなど多彩な才能を披露した。『ビフォア・ミッドナイト』でも脚本を手がけ、ロサンゼルス映画批評家協会賞脚本賞や全米映画批評家協会賞脚本賞など多数の脚本賞を受賞し、前作同様アカデミー脚色賞にノミネートされた。まさに女優兼脚本家でもあるのだ。

　彼女の醸し出す魅力はそんな知的な部分にもあるのかもしれない。そこで彼女を主体として考えた場合、トリコロールでもミッドナイト・シリーズでもいいのだが、僕が生涯映画として強烈な印象を受けたドイツの巨匠フォルカー・シュレンドルフ監督の『ボイジャー voyager』（1991年実は『Homo Faber』の方が国際的に通じる題名なのだが）に悲劇のヒロインとして出演しているのがデルピーである。

　ついでにこの映画のラテン語の <Homo Faber> とは the concept that human beings are able to control their fate and their environment as a result of the use of tools. つまり人間はその環境を自らの道具によりコントロール下に置けるという意味だ。映画の主人公がサム・シェパードが扮する Mr.Faber と掛けているのも事実だ。大人の男と20歳の女の運命的な出逢い……。

　その出逢いは、その瞬間は、実に空前の偶然が支配しているとは誰も分からないのだ。ウォルター・フェイバーと、エリザベス・パイパー（デルピーが扮する）もそうだった。男は50歳になる国際的エンジニア。老若にかかわらず女性を惹きつける魅力それはその鋭い知性と洗練された身のこなしからでもある。（実際サム・シェパードはピュー

リッツア賞を獲得した超一流の劇作家でもある)。

　何か好奇心に満ちた、人生には感動や悲哀があることも踏まえた上で、どこかで夢を追い求めている少年のような眼差しがある。そして女は、20歳になったばかりの学生。まぶしいほどの若さと美しさと知性に加え、思い込んだら大胆に、女性本能を授ける女性でもある。

　親子ほどの歳の違いの出会いそれはパリ行きの大西洋航海の旅立った。男は娘のような女に翻弄されることに何か青春へのフラッシュバックを感じ酔いしれ、女は学生でありながら、大人の世界の禁断の快感に身をまかせた。

　しかしその2人の幸福な時も、それが真剣な愛にメタモルフォーゼする段階で、あるはずもない偶然が、男を打ちのめしてしまい、女もその事実を感じ、分かってしまう。2人の船旅もそれは、波に身を任せる船乗りの運命なのか？

　そして悲劇は続き舞台はアテネへ、そこに女の母親が、かって若い頃スイスにて、アメリカ人と切ない恋をした思い出を持って住んでいる。こともあろうに、そんな中、女はアテネで毒蛇に噛まれ転倒し、石に頭をぶつけ、それが原因で死ぬ。

　人はつねに、運命の波に身をまかせる航海者（ボイジャー）なのか？

　ギリシャ悲劇を連想するアテネでの出来事。この映画の余韻は未だに僕の心を呼び覚ます。生涯、見た映画の中でナンバーワンかもしれない。

「独身でいることは私の人生の唯一の条件だ。私は女性を不幸にしたくないからだ。女性は不幸になる傾向があると思う。」
"Being alone is the only possible condition for me, since I don't want to make a woman unhappy, and women have a tendency to become unhappy.

Rachel
Weisz

レイチェル・ワイズ

1970 年 3 月 7 日、英国ロンドンに
生まれる。国籍英国。ケンブリッ
ジ大学英文科に在籍した。
『ナイロビの蜂』（2005 年）にてア
カデミー助演女優賞とゴールデン
グローブ賞助演女優賞を受賞。

主な出演映画

『ハムナプトラ』シリーズ
『コンスタンティン』
『ナイロビの蜂』
『ブラザーズ・ブルーム』
『愛情は深い海の如く』
『ロニートとエスティ 彼女たちの
選択』
『ボーン・レガシー』
『グランドフィナーレ』
『ロブスター』

Height
170

Weight
57

Measurements
94-61-89

Bra size
75C

Eye color
Hazel

12

女王陛下の
お気に入り

原題 The Favourite
監督 Yorgos Lanthimos
（ヨルゴス・ランティモス、1973 年生）
2018 年、英米アイルランド合作映画

年を重ねることで、より賢く、
経験豊かになれば物事が容易になると思うの。
自分自身にも自信が持てるはず。
本当の意味での心地良さに出会えるわ。

レイチェル・ワイズ

　偶然前日アメリカ時間でゴールデン・グローブ賞で主演女優賞を獲得したオリヴィア・コールマン（ベネチア映画祭でも主演女優賞）がイングランド王国最後の女王アン（英：Anne Stuart, 1665- 1714）を猛烈な演技で圧倒する。この監督はギリシャのヨルゴス・ランティモス、まさに鬼才と言えるこの監督は作品『籠の中の乙女』が第 62 回カンヌ国際映画祭にて「ある視点」部門のグランプリを受賞し、2015 年、コリン・ファレル主演の『ロブスター』で第 68 回カンヌ国際映画祭にて審査員賞を受賞した。ちなみにコールマンとワイズがランティモス監督の作品に出演するのは『ロブスター』以来 2 回目のことである。

ニコール・キッドマン主演の『聖なる鹿殺し キリング・オブ・ア・セイクリッド・ディア The Killing of a Sacred Deer（2017年）』でも異彩を発揮したのは記憶に新しい。

　現代の最も優れた監督という評価まである。

　この映画はなんと三大女優の競演であり、二時間あまり目を離せないリズム感と美しいサントラと刺激音さらに素晴らしい衣装デザインとカメラアングル、いやはやため息をついたほどだ。

　あの『ラ・ラ・ランド』でアカデミー賞主演女優をとった、もともと教養に欠ける、典型的アメリカ人丸出しの女優エマ・ストーンがこれほどまで成長するとは僕は夢にも思わなかったほどだ。その彼女が格調高い英国王室を背景として、何の引けも取らない演技、考えてみれば、彼女の顔がまさにアングロサクソンの末裔でありだから適役だったのだ。しかも性格俳優の演技までアメリカ人離れをした大いなる脱皮だ。

　レイチェル・ワイズの素晴らしい演技、もう3人の演技は誰が主演女優賞を取ってもおかしくないほど火花を散らす緊張演技だ。2005年のイギリス映画『ナイロビの蜂』の演技で、第78回アカデミー賞助演女優賞、第63回ゴールデングローブ賞助演女優賞を受賞。2017年公開の『ロニートとエスティ 彼女たちの選択』では、自身初となるレズビアンの女性を演じレイチェル・マクアダムスと濃厚なキスシーンを演じた。

　実際このアン女王を取り巻くお気に入りの二人は史実に合致している。

　アン女王のレズビアンというより性欲処理係（オナペット）として最初は意気投合した二人の従兄弟サラ（レイチェル・ワイズ）とアビゲイル（エマ・ストーン）同士の、陰湿で激しい嫉妬と野心のぶつかり合い、アン女王もまさにアビゲイルの讒言に完全に、転がされてしまい、幼馴染だったサラを追放してしまう間違い、まさにゴマスリとセックスに翻弄される人間の弱さを、人間の醜悪さを女性の世界にま

でシェクスピア的に描いたこの演出のうまさには舌を巻いた。

　とにかくサントラが素晴らしいヘンデル室内曲あり、意味不明のアン女王の心を映し出す不吉な打撃音なんという素晴らしい音響効果か！ ギリシャは昔コスタ・ガブラスという天才監督がいたが、この監督は、切れ味といい、発想といい、とにかく通常人では考えられないような、どぎつさを遺憾無く発揮するのは、『ロブスター』と同じ、まさに発狂したような芸術的天才・鬼才だ！

　話の粗筋とはこういうことだ。18世紀初頭、イギリスは新大陸の植民地をめぐってフランスと戦争状態にあったが、ロンドンの宮廷人たちは戦乱とは無縁の優雅な生活を送っていた。女王のアンは健康状態が思わしくなく、側近のサラ・チャーチルが女王の意志決定を半ば代行している状態にあった。アンにとって、サラは子供時代からの親友であり、全幅の信頼を置ける存在であった。

　しかし、サラの専横的な姿勢が目立ってきたため、アンは徐々にサラを疎ましく思うようになった。そして、サラの従妹であるアビゲイルが女王の側近として仕えるようになって以降、事態は一変することになる。サラはアビゲイルを自分の統制下におこうとしたが、アビゲイルはサラを蹴落とそうとしていたのである。生家の没落を嘆いていたアビゲイルにとって、女王の寵愛を受けて権力を掌握することは生家復興の大チャンスに他ならなかった。そのため、サラとアビゲイルの間で女王の寵愛をめぐる激しい闘争が始まった。

「完全に私に適した台本を見つけるのは困難だ。良い台本でも、自分が作りたい映画にするために手直しして、シェイプ・アップせねばならない。」
It's hard for me to find a script that's perfectly suited to me, so even if it's a good script, I'll still have to work on it with someone and shape it, making it the film that I want to make.
　～ヨルゴス・ランティモス

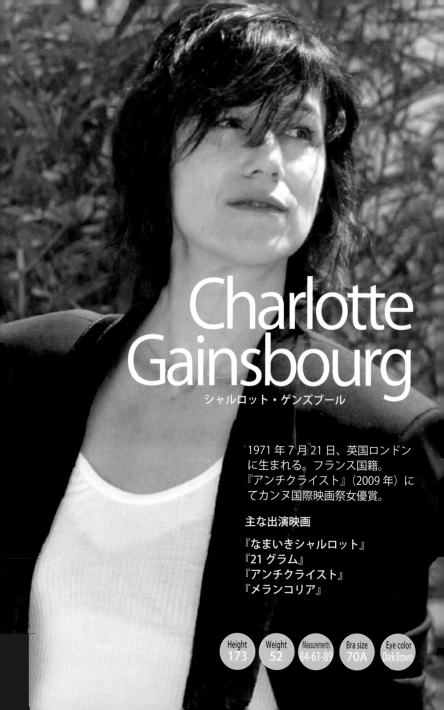

Charlotte Gainsbourg

シャルロット・ゲンズブール

1971 年 7 月 21 日、英国ロンドンに生まれる。フランス国籍。『アンチクライスト』(2009 年) にてカンヌ国際映画祭女優賞。

主な出演映画

『なまいきシャルロット』
『21 グラム』
『アンチクライスト』
『メランコリア』

Height	Weight	Measurements	Bra size	Eye color
173	52	84-61-89	70A	Dark Brown

13

ニンフォマニアック
vol1/vol2

原題 The Nymphomaniac
監督 Lars von Trier
（ラース・フォン・トリアー、1956 年生）
2013 年、デンマーク映画

人間の本質とは一言で表現できる。
それは偽善と言うことで

The human qualities can be expressed in one word….hypocrisy

　ラース・フォン・トリアー（1956 年生）監督ほど古今東西の映画
監督の中で、作品を見終わったあとその存在感を感じる監督はないだ
ろう。僕が最も尊敬するデンマークの監督だ。『奇跡の海』『ダンサー・
イン・ザ・ダーク』『ドッグヴィル』『アンチ・クリスト』『メランコリア』
など観賞後、これほど観客に辛く後味の悪さを残す作品はないだろう。
　実際カンヌ国際映画祭に於いて 1996 年に『奇跡の海』でグランプ
リを、2000 年に『ダンサー・イン・ザ・ダーク』でパルムドールを
受賞した。
　物議をかもすのもこの監督であり、『メランコリア』が 2011 年の
カンヌ国際映画祭に出品されキルスティン・ダンストが主演女優賞を

取ったが、現地での記者会見の中でヒトラーに理解を示す発言を行ったことで（これはまさに言葉狩ともいえるが）ペルソナ・ノン・グラータとして映画祭追放処分を受けた。

彼は元々自分の父親がユダヤ人と理解していたが母親の死の床の言葉で、そうではないと聴き、カトリック家系と了解したのが、彼の人生の分岐点である。それでもなお彼はプロテスタントが主流のデンマークでの少数派のカトリックとしての屈折した心理状態にあるのが、本題の映画を含めての、『アンチ・クリスト』『メランコリア』の鬱三部作である。

驚くべきは彼の聖書理解の凄さである。これほど聖書について緻密な理解をしている監督は珍しい。

映画の題名はまさに色情狂である。アダムとエヴァ以来の人間の罪の歴史を極端なハードコア・ポルノにて、まさに猥褻物陳列罪といえる露骨さではあるが、扇情性のない性描写で描いていて、真摯さと神秘性があるのだから、この監督の卓越した才能が伺えるのである。決して興味本位のポルノではないのだ。

トリアー作品におなじみのステラン・スカルスガルド（セリグマン）がある夜、何ものかによって暴力を受けたシャルロット・ゲンズブール（ジョー）を自宅に匿い、彼女のいわば少女時代からの＜ヰタ・セクスアリス＞を聴く物語である。キリスト教が唱える人間の罪の中で、筆頭は人間の本能としての性欲だろう。

しかし乍らこれを＜罪＞と呼べるのかというのが、極めて疑問でありキリスト教が未来永劫宗教として成り立つかの基本的な問題ともいえるのも事実である。トリアー監督の偉大さは、その本質が分かっているがゆえに、デフォルメした形でまさにキリスト教をこの映画で物語っているのだ。

聞き役のこの男は年齢にも関わらず童貞であるが、知的な教養人でもある。色情狂の女の半生は、ある意味ではイエスの十字架の苦難の逆説としての苦難ともいえるものだ。性愛とは何か、人種とは何か、

赦しとは何か、マゾヒズムとは何か（十字架のイエスになぞらえて）、カトリシズムとオーソドックスの違いは何か（カトリシズムは苦難を、オーソドックスは幸福を求めると映画は言う）、そして最後の強烈なエンディングはいわゆる＜罪＞から脱皮した色情狂といわゆる＜罪＞に陥った男をシニカルに描いて逸品である。

　日本でのパンフレットのありふれたキャッチコピーである＜愛なんて、教わっていない＞＜愛とは、嫉妬交じりの強い性欲に過ぎない＞＜性に目覚め、性に溺れ、愛を忘れた＞＜自らを色情狂と認める女性ジョーの８つの章で綴られる、詩的で滑稽な性の末路＞などとあるが、何か的外れな、監督の真意を全く理解していないポルノマニアとしか言えない言葉にはしらけた気分になってしまう。鍵は 2009 年にこの監督がいみじくもつぶやいた "I'm a very bad Catholic. In fact I'm becoming more and more of an atheist."（僕はカトリックのはぐれ者だ。実際僕はますます無神論になっていく）との言葉にある。

　色情狂を自認する女ジョーの誕生から 50 歳までのエロスの旅を語るが、ジョーは高度にエロティックな人生についての淫欲にまみれた物語を８章にわたって語る。セリグマンが語る高度な神学論が監督の知性と一致するのだ。

　話は二巻・8 章に分けられ、「第一巻」では若いジョーをステイシー・マーティンが、「第二巻」では後半生をシャルロット・ゲンズブールが演じる。

「多分、私と他の人々との違いは、私の場合はいつも、日没から何から求めることだ。太陽が地平線に沈むときのあのより壮大な色彩群。たぶんそれが私の「罪」なのだろう。」
"Perhaps the only difference between me and other people is that I've always demanded more from the sunset. More spectacular colors when the sun hit the horizon. That's perhaps my only sin."
　　〜ラース・フォン・トリア

Jennifer
Garner

ジェニファー・ガーナー

1972 年 4 月 17 日、米国テキサス
州ヒューストンに生まれる。

主な出演映画

『エイリアス』
『デアデビル』
『エレクトラ』
『キングダム／見えざる敵』
『JUNO ／ジュノ』
『ダラス・バイヤーズクラブ』

Height	Weight	Measurements	Bra size	Eye color
173	61	86-64-89	70B	Hazel

14

ライリー・ノース
復讐の女神

原題 Peppermint
監督 Pierre Morel
（ピエール・モレル、1966 年生）
2018 年、アメリカ映画

　敵討（かたきうち）、または仇討ち（あだうち）は、直接の尊属を殺害した者に対して私刑として復讐を行う中世日本の制度。武士が台頭した中世期からの慣行であり、江戸期には警察権の範囲として制度化された。基本的に、子が親の仇を討つなど、血縁関係がある目上の親族のために行う復讐を指した。

　キリスト教が＜敵を愛せ＞＜復讐するは我にあり。つまり復讐は自分ではなく、それを神に任せろ＞＜人を裁くな＞＜隣人愛＞などと、悲劇の怒りや人間のそれぞれの好悪の感性からつまり、人間の本性を罪とみなして断罪し二千年にわたって人間の自由闊達な精神の発露を阻害してきた大罪がある。

　もちろんイエス・キリストの逆転の発想はそれぞれ人間社会の諍いをなくすための＜理想＞としての説教としてはそれなりに評価もできようが、これは被害者の気持ちを一方的に軽視していると言わざるを得ない。

　さらに死刑廃止論は、肉親を惨殺された遺族の怒りはイエスの偽善思想で癒されるわけがない。それどころか、このイエスの思想がその

後継者たる教会によってまさに偽善と欺瞞の世界に堕落してしまったのも事実だ。

　僕が一切キリスト教に馴染めず全面否定するのはその偽善ゆえの必然性であり人間らしさの否定がそこにあるからだ。殺人などの凶悪犯罪の加害者が、国家により保護されるのに、被害者側には報復が認められないのはおかしいと考え、近代以前のように報復を法で認め、合法化すべきという意見があるのも事実だ。

　前置きが長くなったが、要するに人間の一生は限られた時間内の一生に一回、死んだら灰に化するにすぎないのだ。

　人間はこの大切な一生を自己実現のために、その思うままに生きていかないと損である。だから素晴らしいエゴイズム、素晴らしい欲望の発露、それを自制するのはこの社会に生きる公的縛り、つまり他人を傷つけてはいけないという、迷惑排除規範だけだという徹底的自由主義者でもある。

　人間はあくなき野心を徹底的に自己責任で追い求めろ。愛する人間を愛せ！　憎むべきクズは憎め！　隣人愛　とんでもない我が国にとんでもない言いがかりをつけているお隣の国を誰が愛することができるものか、絶対に愛せません！

　愛するのは自分のみじかな世界の特定人だけであるのが当たり前の話、地球の裏側のどこの馬の骨を愛することができるのか？

　とりわけ自分に危害や敵対する人間など愛などとんでもない話で憎しみで持って対処するのが当たり前。愛すること、そして憎むことを徹底するあまりにも人間らしさ、その世界を否定するって偽善と欺瞞以外何ものでもない。

　さてこの映画を見て興奮の極地に達するのは愛する夫と子供を何の咎もないのにメキシコ麻薬カルテル組織に惨殺され、たまたま席を外していて自分自身の命拾いした妻の復讐の鬼の復讐の物語であり、彼女の徹底した復讐心に大拍手を送りながら興奮して最後までもっと

もっと悪党を成敗せよと気持ちを駆り立てる最高の娯楽作なのだ。

　主演のライリーに扮するジェニファー・ガーナーは、テキサス州ヒューストンで生まれ、ウェストヴァージニア州チャールストンで育つ。三人姉妹の真ん中で、少女時代は好きなバレエを学んだがプロになる気はなかった。高校生の頃はサキソフォンを吹いていた。大学では最初、化学を専攻していたが、途中で演劇に転向する。大学卒業後はニューヨークでアルバイトをしながらチャンスを窺っていた。

　その後ロサンゼルスに拠点を移した彼女は、ゲスト出演をした『フェリシティの青春』のプロデューサー J・J・エイブラムスが手がける新作ドラマ『エイリアス』の主役に大抜擢。これが当たり役となり彼女をスターダムへとのし上げ、2001 年度ゴールデングローブ賞の最優秀女優賞（テレビドラマ部門）を受賞した。

　2003 年に『デアデビル』に出演、劇中で彼女が演じたエレクトラは人気を呼び、2005 年にはスピンオフの『エレクトラ』も公開された。僕との出会いは、あの『キングダム』2007 年で痺れるアメリカ海兵隊の狙撃兵というかあの重量ある兵器をかっこよくこなして痺れさせた女優だ。『ダラス・バイヤーズクラブ』2013 年にも出ていたこの女優に魅せられた。

　この映画は復讐の正義の戦いだから、汚職判事や汚職弁護士を躊躇なく殺戮していく気分の爽快さ！　事件が起こってから、密かに、その後 5 年間自分を鍛え上げ（銃撃、空手など）その復讐をまさに命日に実行する。

　SNS は彼女を英雄として讃え、警察はメンツから必死に追い詰める。最後復讐を果たし墓参りする彼女の充実感を観客は拍手喝采で共有するなんと素晴らしい映画か！

　こんな素晴らしい、胸のすくような映画の主人公を演じたジェニファー・ガーナーに乾杯！

Leila
Hatami

レイラ・ハタミ

1972 年 10 月 1 日、イラン・テヘ
ランに生まれる。
高校を卒業後スイス・ローザンヌ
にある the Swiss Federal Institute
of Technology in Lausanne (EPFL)
にて機械工学を専攻したが、2 年
後 École Polytechnique Fédérale
de Lausanne に転校した。

主な出演映画

『レイラ』
『フライト・パニック
〜ペルシア湾上空強行脱出〜』

Height
163

Weight
69

Measurements
unavailable

Bra size
unavailable

Eye color
Dark Brown

15

別離

原題 A Separation
監督 Asghar Farhādi
（アスガル・ファルハーディ、1972 年生）
イラン映画

失われた高等な人間の情念と倫理
これがイランに見出せる皮肉さ
イラン映画界こそ
世界的レベルの映画の宝庫と言える。

　常々感心するのはイラン映画のレベルの高さである。アッバス・キ
アロスタミ、マジッド・マジディ、モフセン・マフマルバフなど世界
に通用する高質の映画を生み出す。そこには欧米をはじめ世界で失わ
れている物質主義とは異なる人間の心をえぐり出すからである。
　この映画は昨年の第 61 回ベルリン国際映画祭で満場一致で最高賞
である金熊賞と、女優賞、男優賞の 2 つの銀熊賞の計 3 部門で受賞
そして本年第 84 回アカデミー賞では外国語映画賞を受賞した。
　ファルハーディー監督（兼脚本家）は「彼女が消えた浜辺　ＡＢＯ
ＵＴ　ＥＬＬＹ」にて日本で注目を浴びたが、この映画ではさらにそ
れを上回る力量を発揮している。

テヘランに住む中流の上クラスと思われるナデルとシミンは 14 年来の夫婦で、11 歳の娘テルメーと三人暮らしである。シミンは娘の教育上海外に移住したい希望を持ち政府許可を取ったが、夫はアルツハイマー型認知症を患う父のケアは絶対だという理由で頑としてこれを拒否、妻は家庭裁判所に離婚許可を申請するが、却下される。その場面が冒頭描かれる。

　妻に去られナデルは父の介護のためにラジエーという娘もちの貧しい女性を雇う。彼女は性格破綻した失業中の借金を抱えた夫ホッジャトがいた。ある日、ラジエーはナデルの父をベッドに拘束し、"ある用事" で外出した。突然帰宅したナデルと娘テルメーは床に転げ落ち意識不明の父を発見、あわやと言うところで事なきを得た。

　怒り狂ったナデルは、帰ってきたラジエーを怒鳴りつけて、その無責任をなじりさらり泥棒呼ばわりした上ラジエーを玄関から力づくで押し出した。ラジエーは階段を転倒しその夜病院に運ばれ流産してしまう。

　物語はこの胎児殺害容疑で告訴されたナデル、そしてナデル家族の葛藤などを描いている。そこには謎解きのような面白さ、そして人間の "嘘" や "誇張" などがきめ細かく錯綜しながら、見事に一本一本の糸を紡ぐように映画は大団円を迎える。

　この映画で娘テルメーの役柄の意味合いは大きい。最後離婚訴訟裁判所は離婚を認め、娘がどちらの親を選ぶか決断をせまるが、テルメー（今まで暗かった表情が初めて見せる朗らかな笑顔が気になるところだが）はどちらを選んだのか、この監督が前作と同様余韻を残す、また観客の想像力に任せる見事な手法である。

　日本の諺に＜風が吹けば桶屋が儲かる＞があるが、ある事象の発生により一見すると全く関係の無いような思わぬ所・物事に対して影響が出ることの喩であり、この映画の筋書きにアナロジーするのはややニュアンスは異なるが、要するにこの映画で起こる一連の事態は＜妻が家を出ていった＞という事象が、色々分枝のように様々な影響

もたらす、しかし描かれている人物はそれぞれ何の悪意もない善良な人々なのである。

　訴訟と言う憎しみの権化のぶつかり合いのなかで"嘘"や"誇張"や"庇い"などで真実が判らなくなるのだが、そんな状態の中でも、それら人々の正義感・信仰心・そして名誉を重んじ"恥"の精神を持つイラン人の高潔さが溢れている。ナデルに扮するのがレイラ・ハタミであり、見るからに高潔で上品な風貌は、この配役の成功をもたらした。ベルリン映画祭銀熊賞は当然の栄誉だ。

　ファルハーディーにとっては金熊受賞は寝耳に水であり＜祖国の人々のことを思うとてもよい機会だ＞と述べイラン映画界は「イラン映画界は受賞を誇りにしている」と歓迎した。第84回アカデミー賞では外国語映画賞を受賞、授賞式でファルハーディーは＜この賞を祖国の人々に捧げる。あらゆる文化・文明を尊重し、敵意と憎しみを嫌う人々だ＞と述べた。イラン政府は受賞を「シオニスト政権の映画に対する勝利」として報じられ政治的影響すら与えた。最後に監督はこの映画の2011年前後『彼女が消えた浜辺』（2009年）『ある過去の行方』（2013年）『セールスマン』（2016年）『誰もがそれを知っている』（2018年）と次々と国際的な舞台で傑作映画を生み出している、イランいや世界の有力な巨匠である。

　古典的な悲劇は、「善」と「悪」との戦いだ。我々は「悪」を退治して、「善」を勝者とすることを望んだ。しかし現代的な悲劇の戦いは、「善」と「善」の間にある。どちら側が勝利しても、私たちは悲嘆にくれるのだ。

Classical tragedy was the war between good and evil. We wanted evil to be defeated and good to be victorious. But the battle in modern tragedy is between good and good. And no matter which side wins, we'll still be heartbroken.

　〜アスガル・ファルハーディ

Penélope Cruz

ペネロペ・クルス

1974 年 4 月 28 日、マドリード県アルコベンダスに生まれる。高校を中退し、国立芸術院で 9 年間、ニューヨークで 4 年間クラシックバレエやスペイン舞踊を学ぶ。『美しい虜』（1998 年）ゴヤ賞主演女優賞。『ボルベール（帰郷）』（2006年）ゴヤ賞主演女優賞とカンヌ国際映画祭女優賞、『それでも恋するバルセロナ』（2008 年）でアカデミー助演女優賞。

主な出演映画

『オール・アバウト・マイ・マザー』
『ボルベール〈帰郷〉』
『それでも恋するバルセロナ』
『抱擁のかけら』
『NINE』
『パイレーツ・オブ・カリビアン /
生命の泉』
『悪の法則』
『オリエント急行殺人事件』
『誰もがそれを知っている』
『ペイン・アンド・グローリー』
テレビドラマ
『アメリカン・クライム・ストーリー
/ ヴェルサーチ暗殺』

Height	Weight	Measurements	Bra size	Eye color
165	54	94-66-89	75C	Dark Brown

16

ある愛へと
続く旅

VENUTO AL MONDO
監督 Sergio Castellitto
（セルジオ・カステリット、1953 年生）
2012 年、伊・西合作映画

そもそも 我々が人生の意味を 問うてはいけません。
我々は人生に問われている立場であり
我々が人生の答えを出さなければならないのです。

ヴィクトール・フランクル

　名作『赤いアモーレ』原作のマルガレート・マッツァンティーニの
小説に基いている。監督セルジオ・カステリットは俳優でもあり、こ
の映画にも出演しているペネロペ・クルス共演の映画『赤いアモーレ』
では、ダヴィット・ディ・ドナテッロ賞最優秀主演男優賞受賞している。
　ユーゴスラビア建国とその独自外交路線の立役者チトー大統領は、
毀誉褒貶はあるが、20 世紀の最高の指導者の一人として賞賛される
べき存在である。ヨシップ・ブロズ・チトー（1892 年 - 1980 年）は、
父親はクロアチア人で、母親はスロベニア人というユーゴスラビアで
はメジャーでない民族出身であったが、彼の老獪な政治能力は多数派
であるセルビアを優遇することによって、見事に多民族国家を統治し

た功績がある。

　彼の死後、箍が外れたようにユーゴスラビアが内乱に陥った事実からも立証される。この映画の背景にはボスニア・ヘルツェゴビナにおける 1992 年から 1995 年まで続いた内戦の悲劇がある。

　1992 年 3 月に独立宣言した同国には約 430 万人が住んでいたが、そのうち 44% がムスリム人、33% がセルビア人、17% がクロアチア人と異なる民族が混在していた。ムスリム人とクロアチア人が独立を推進したのに対し、セルビア人はこれに反対し分離を目指したため、両者間の対立はしだいに深刻化し独立宣言の翌月には軍事衝突に発展した。3 年半以上にわたり全土でジェノサイドが繰り広げられた結果、死者 20 万、難民・避難民 200 万が発生した。

　「民族浄化」という言葉が使われるようになったのもこの戦争である。とくに女性らの悲劇は、強制収容後、組織的に強姦され、妊娠後堕胎が不可能となった時点で解放することによって出産せざるを得ない状況に追い込まれた。

　家父長的な男権社会の影響が残るボスニア・ヘルツェゴビナの村部では、女性を強姦によって妊娠させるこの方法は、効果的に異民族を排除する方法として用いられた。まさにシナがチベットやウイグルで行っている民族浄化である。ただセルビア人による「民族浄化」は実は米国広告会社が、ナチスを連想するように仕組んだ反セルビア・キャンペーンであったとする高木徹著『広告代理店』が真相のようだ。

　映画はボスニア・ヘルツェゴビナ紛争でボスニア在のカメラマンであるアメリカ人の夫を亡くし、その男子をローマに引き取ったイタリア女性に、かってのムスリムの友人より電話が久々にかかってきた。

　その彼女が紛争後再建の同国を訪問し、そこで内乱中に知らなかった驚くべき事実を発見するという筋書きだ。とにかく壮大なスケールであり、最後の 10 数分の圧倒される顛末には感動のあまり声も出ない。＜人間の悪と善の問題＞をボスニア内乱を絡めて見事に描き、その上で残虐極まる悪の支配する紛争に於いても、きらりと光る人間の

崇高さや人間愛の素晴らしさを謳歌するのである。その＜人間の悪＞
とは、台詞にもあるが酸鼻の事態に対しての＜人間として生まれて恥
ずかしい＞そして＜代理出産＞＜人間の欲望としての獣欲は勿論のこ
と強姦・輪姦＞など人間の唾棄すべき極限の悪を中心に、それでも尚
この逆境に於いて輝くようなそれぞれの人間の責任感・慈愛・男道（お
とこどう）そして大きな愛と恵みに感動させられるのである。

　この映画には偽善者は一人もいない。それぞれ人間として個性的で
あり、それは好色漢でありエゴイストでもある。キリスト教でのいわ
ゆる原罪や悪は並み以上に持ち併せながらも、究極に於いて善を発揮
する＜人間の性善説＞が存在するのである。それは決してキリスト教
的な曖昧な愛の世界あるいは神の恵みでもないことを注目すべきであ
る。現に男道を貫いて自死するこの上も無い自責の念からの美しい世
界が描かれている。

　この映画の主人公を演じる、いまや世界の女優である中年の熟女ペ
ネロペ・クルスの演技力は容姿だけでない凄みがある。今や大貫録の
演技派世界的女優として大活躍している。最近もアルモドバル監督の
自伝的映画『ペイン・アンド・グローリー』で名演技を披露している。
「誰か他人の視線から見たあなた自身の人生なんて生きることはでき
ない。」

　You cannot live your life looking at yourself from someone else point
of view.

「私の「美」の定義はルールがない。90 歳のおばあちゃんが彼女の全
人生の思い出と感情を堪えている顔だって「美」と言えるのよ。「美」
というのはその人のまなざしが伝えるのよ。」

My definition of beauty is without rules. It can be the face of a beautiful
90-year-old woman that is full of stories and emotion. Beauty is what
somebody's eyes communicate.

　〜ペネロペ・クルス

Amy Adams

エイミー・アダムス

1974 年 8 月 20 日、イタリア・ヴェ
ネト州ヴィチェンツァに生まれる。
『アメリカン・ハッスル』(2013 年)
と『ビッグ・アイズ』(2014 年)
にて 2 年連続ゴールデングローブ
賞主演女優賞。

主な出演映画

『キャッチ・ミー・イフ・ユー・キャン』
『Junebug』『魔法にかけられて』
『ダウト〜あるカトリック学校で〜』
『ナイト ミュージアム 2』『ザ・ファイター』
『ザ・マスター』『マン・オブ・スティール』
『her/ 世界でひとつの彼女』
『ビッグ・アイズ』
『バットマン vs スーパーマン ジャスティスの誕生』
『メッセージ』『ノクターナル・アニマルズ』
『ジャスティス・リーグ』『バイス』

テレビドラマ
『KIZU - 傷 -』

Height	Weight	Measurements	Bra size	Eye color
163	52	88-63-88	70B	Blue

17

アメリカン・ハッスル

原題 AMERICAN HUSTLE
監督 David Russell
（デヴィッド・O・ラッセル、1953年生）
2013年、アメリカ映画

俗世って欺瞞に満ちた合法的詐欺か！
それに立ち向かう詐欺師との構図

　三月始めに発表される第86回アカデミー賞受賞候補として作品賞・監督賞・主演助演男優賞並びに主演助演女優賞の候補に挙がっている。昨年に続く快挙である。デヴィッド・O・ラッセル監督（David O. Russell 1958年生）は、『世界にひとつのプレイブック』にて昨年はこの映画でも助演を演じるジェニファー・ローレンスが昨年第85回アカデミー賞主演女優賞に輝き、ディオールの純白のローブ・デコルテにて壇上にあがる階段で転んだ姿は、茶目っ気のある彼女らしく記憶に新しい。

　ラッセルは、父親はロシア系ユダヤ人、母親はカトリックのイタリア系の間に生まれ、アマースト大学で政治学と英語を学び、1987年

に短編映画 Bingo Inferno を制作。初の長編映画である 1994 年のコメディ Spanking the Monkey でインディペンデント・スピリット賞やサンダンス映画祭観客賞を受賞。その後、湾岸戦争をテーマにした『スリー・キングス』や哲学コメディ『ハッカビーズ』を監督している。また、イラク戦争に関するドキュメンタリー Soldiers Pay も制作している。

　この監督の素晴らしさは、いつも底抜けに明るい人間愛と正義感があるところだ。『世界にひとつのプレイブック』も感動的なシナリオであったが、単細胞のアメリカ映画とは異なり、物語にひねりと工夫がある点が異なる。僕はオスカーに輝くことを密かに期待していたものだが、ジェニファー・ローレンスが受賞したのは審査員の余ある評価であったと考える。

　この映画は、天才詐欺師、汚職政治家達、それに FBI のおとり捜査を絡めながらの社会風刺劇としてコメディタッチで描いている。いま僕たちが生きている俗世は法治社会とは言え、よくよく考えたら、単に支配階層や資本家たちが、権力を維持し、富を築く為にあらゆる仕組みでがんじがらめと考えることも可能だ。

　アメリカなどはまさにそれが極端にでた社会ともいえる。旧約聖書の律法が一人歩きして、＜律法のための律法＞に形骸化して、やがてイエス・キリストの＜律法を否定し、人間の為の愛＞を中心とした聖書の流れ、簡単に言えば旧約から新約への成就というのがキリスト教の立場だ。この映画の面白さは、まさに律法に匹敵するエスタブリシュメントのための法に守られた偽善と欺瞞の詐欺システムに、挑むアウトローの詐欺師との戦いともいえる。こんなところが、監督の社会批判であり、ある意味で詐欺師たちへの讃歌と僕が解釈する由縁ではないだろうか！

　この映画には詐欺師にクリスチャン・ベール、FBI 捜査官にブラッドリー・クーパー、市長にジェレミー・レナー、詐欺師であり愛人にエイミー・アダムス、詐欺師の妻にジェニファー・ローレンスそれに

マフィアのボス役でロバート・デ・ニーロまで出演して、全員の完璧な演技力で映画を引き締まるものとしている。

　だからこそアカデミー賞主演助演男優女優賞候補に４人もノミネートされている。クリスチャン・ベールがハゲで鬐の肥満体で登場。エイミー・アダムスは服からこぼれんばかりの乳房をちらつかせながらクイーンズイングリッシュを駆使し詐欺を演じる妖艶な演技で登場。ジェニファー・ローレンスがバカ丸出しの役柄で存在感を発揮する演技、なんと愛らしいアメリカ女であることか！　これほど娯楽性を兼ねた社会風刺映画を是非鑑賞されたい。

　さて詐欺師に扮したエイミー・アダムス、彼女の近年における成長には驚くばかりだ。彼女の性格の悪そうで癖のある顔、映画ファンはそこに凄みを感じて圧倒される。

　2008 年公開のトニー賞とピューリッツアー賞を受賞した舞台劇の映画化『ダウト〜あるカトリック学校で〜』でアカデミー助演女優賞にノミネートされた。この映画こそ僕のエイミー・アダムスとの出会いだ。今は亡きフィリップ・シーモア・ホフマンとメリル・ストリープのあの思い出深い激突の言葉の場面『ダウト　あるカトリック学校で』を思い出すが、この時神父と少年とのやりとりを誤解した形で目撃者としてのシスターを演じるエイミー、それがホフマンとストリープの激突の会話を生む場面は懐かしい。2018 年公開の『バイス』で元アメリカ合衆国副大統領のディック・チェイニーの妻リン・チェイニーを演じ、5 度目のアカデミー助演女優賞にノミネートされた。

「女優として人はいつもこう言って私をからかうのよ。あなた自身を魅力なしにすることがあるとしたら、あなたはそれをやるわよね」
As an actress people always tease me like: if there's anything you can do to make yourself unattractive you will do it.
　〜エイミー・アダムス

Giovanna
Mezzogiorno

ジョヴァンナ・メッツォジョル

1974 年 11 月 9 日、イタリア・ロー
マに生まれる。国籍はイタリア。
1993 年、パリに設立されたピー
ター・ブルック主宰の国際演劇研
究センター（CIRT）に留学、1995
年にはブルックによる舞台『Qui
est là』（シェイクスピアの「ハム
レット」を下敷きにした作品）の
オフィーリア役に抜擢され、舞台
女優としてのキャリアをスタート
させる。

主な出演映画

『心の中の獣』
『いつか翔べるように』
『コレラの時代の愛』
『愛の勝利を ムッソリーニを愛した女』

Height	Weight	Measurements	Bra size	Eye color
165	59	unavailable	unavailable	Blue

18

パレルモ・シューティング

原題 Palermo Shooting
監督 Wim Wenders
（ヴィム・ヴェンダース、1945 年生）
2008 年、独・仏・伊合作映画

写真を愛することと画家になりたいこと、それらはまさに映画を作るプロセスなのだ。色んな癖のある人物に、それは時には建築家であったり、画家であったり、作家であったり、俳優であったりするのだ。まさにあらゆる芸術に繋いでくれるのだ。

〜ヴィムヴェンダース

Loving photography and wanting to be a painter, it all ended up in the process of filmmaking. It's strange professionally be to connected because it connects you to architecture, it connects you to painting, it connects you to writers, to actors. It connects you to really all of the arts.

　2012 年の夏、僕はシチリア島を訪れた。シチリア島は、シチリア出身のジョゼッペ・トルナトーレ監督の映画や、ルキーノ・ヴィスコンティ監督の傑作「山猫」、そしてフランシス・コッポラの「ゴッド・ファーザー」の舞台になっている。さらにドイツの巨匠ヴィム・ヴェンダース監督の作品もそうだ。この「パレルモ・シューティング」こそが、僕をパレルモへと駆り立てたのである。
　物語のあらすじは、こうである。主人公の写真家フィン（主演カン

ピーノ）は、世界的に名声を博したデジタル写真家であり、デュッセルドルフの事務所ではデジタル操作の専門家を抱えている。デジタル写真とは、上辺だけの写真細工に過ぎない。利益を求めて恣意的に過激な演出を施すなど、まさに商業主義の権化だ。名声と富を手に入れ、ガールフレンドにも何一つ不自由をしないフィンは、しかし母の死後、厭世観に苛まれ、時には死を求めて巨木の枝の上で昼寝をするなど、自殺願望を露わにする。

　そんなフィンは、妊娠している女優ミラ・ジョヴォヴィッチ（実在の彼女として出演）を、妊婦として撮影することになった。妊婦とは母と子の一体の姿である。フィンは凝りに凝ったデジタル写真を撮るが、ミラはその虚飾の写真に満足しなかった。そして彼女は、おなかに宿る小さな生命の輝きを撮影してほしいと頼む。

　このエピソードでは、フィンの死から生への序曲が暗示されている。フィンが選んだ撮影地はパレルモである。パレルモの語源は〈全ての港〉。まさに人間の原点に立ち止まって考えさせる〈港〉と重ね合される。その土地でフィンは、愛に満ちた母と胎児像を撮影することができた。

　そして現世を遮断するように、そのまま彼はパレルモの地に滞在することになった。そんな彼の前に、絵画修復家であるフラヴィア（主演ジョヴァンナ・メッツォジョルノ）が現れる。彼女もまた両親を亡くし、恋人を絵画修復中の事故死によって失うという不幸に見舞われた、翳りのある女性であった。

　「君は何を信じるの？」と問うフィン、「私は目に見えないものを信じるの。それは神、愛それに生命」と答えるフラヴィア。フィンは商業的な虚飾の写真家である。それに対してフラヴィアは、歴史的な共同体に情熱を注ぐ絵画の修復家である。フィンはフラヴィアと出会うことで、ニセモノに気がつきホンモノの人生を認識した。まさにパレルモという港から真実の人生へと漕ぎ出したのだ。

　この騒々しい街は、3000年の間に数多の戦禍に巻き込まれ、それ

に伴う人種や文化の混合、宗教戦争などの混乱を経験し尽くした島である。ギリシャ・カルタゴ・ローマ・ビザンチン・イスラム・ノルマン・フランス・スペインなど、多くの民族が去来した。このような厳しい歴史的試練に立たされたパレルモに、常に戦乱に備える文化的な遺伝子があることは間違いない。

　ヴェンダース監督や主人公フィンが感じるパレルモへの愛着は、僕自身も心に滲みるように共感できる。監督はパレルモの表面的な美しさだけを描かず、かえって貧民街や薄汚れた騒々しさを映し出す。それがかえって、フラヴィアの〈愛〉によって街に潜む〈生命力の輝き〉を瑞々しく照らし出すのだ。

　パレルモの人々が歴史的教訓から信じられるものは、家族と共同体の絆である。血の濃さからくる熱情であり激情である。彼らは仁義を最大の価値として、裏切りや偽善、欺瞞を蛇蝎のように忌み嫌う。激情で戦い、逃げずにぶつかり合う、そして和解する、そこには今までにはない絆が生まれるのである。マフィアと同じような精神がこのパレルモに存在するような気がする。この街に姑息な泥棒やスリのような危険がないのは〈筋や仁義を通す〉人々の賜物である。

　旅行者がパレルモに訪れたとき感じるのは、明るさや情熱だけではない。その奥には底知れない何かが横たわっていて、それが僕にパレルモを遠い世界のように思わせるのだ。僕はそんな気がする。パレルモの重厚な歴史がそうさせるのかもしれない。

　この映画はフラヴィアに扮する、ジョヴァンナ・メッツォジョルノの美しさだ。とにかくローマ帝国の女性の像を見るような品格と気高さに満ち満ちているのだ。彼女は映画界芸術家の名門ファミリーの出身である。誰にも変えがたいこの美しさこそがヴィム・ヴェンダース監督が求めて起用したことが解りすぎるほど解るのだ。

「夢なしには、勇気など出ない。勇気なしには何も実行できない。」
Without dreams, there can be no courage. And without courage, there can be no action.　〜ヴィム・ヴェンダース

Nina Hoss

ニーナ・ホス

1975 年 7 月 7 日、西ドイツ・シュトゥットガルトに生まれる。
1997 年ベルリン・Ernst Busch Academy of Dramatic Arts 卒業

主な出演映画

『スキャンダラス・クライム』
『素粒子』
『ベルリン陥落 1945』
『ブラッディ・パーティ』
『東ベルリンから来た女』
『誰よりも狙われた男』
『男と女、モントーク岬で』
TV
『HOMELAND Homeland』(2014-2015,2017)
『クリミナル：ドイツ編 Criminal: Germany』(2019) ※シーズン 1 エピソード 3

Height
180

Weight
60

Measurements
86-61-89

Bra size
75B

Eye color
Blue

19

あの日のように
抱きしめて

原題 PHEONIX
監督 Christian Petzold
（クリスティアン・ペツォールト、
1960 年生）
2014 年、ドイツ映画

わたしは自分の望む善は行わず、
望まない悪を行っている。

ロマ書　7:19 聖パウロ

　1960 年生まれのドイツの監督クリスティアン・ペツォールトは生
と死の狭間を扱った『The State I Am In』、『Gespenster』、『Yella』の
3 本は「Gespenster 三部作」と呼ばれ、彼の輝かしい監督のスタート
と言える。2007 年の『Yella』で主演のニーナ・ホスにベルリン国際
映画祭銀熊賞 (女優賞) をもたらした。2008 年の『Jerichow』はヴェ
ネツィア国際映画祭に出品された。

　2012 年、ニーナ・ホスと 5 度目のタッグを組んだ『東ベルリンか
ら来た女』でベルリン国際映画祭銀熊賞 (監督賞) を受賞。同年のア
カデミー外国語映画賞ドイツ代表にも選ばれた。あの感動を呼んだく
東ベルリンから来た女　原題 BARBARA）について、監督は 1958 年
に公開されたアルフレッド・ヒッチコック監督のアメリカ映画『めま
い』（Vertigo）のインスピレーションがこの映画にあると語る。脚本
は Hubert Monteilhet の探偵小説 ”Le Retour des cendres” で 1965 年

のＪ・リー・トンプソン監督の映画 "Return from the Ashes" をヒントとしている。

　さてユダヤ人でベルリンで大富豪だったネリー（ニーナ・ホス）はユダヤ人収容所に収容される。そこで戦後まで何とか生き延びるが、被弾して顔面が切り刻まれかっての美貌も見る影もなく、ベルリン随一の整形外科医の手術を受けるべく、ソ連占領地区を脱出した。

　医者がどんな顔にしたらよいかと尋ねるが、女は元の自分の顔に戻してくれというのだった。勿論破壊された顔が元通りになるわけがない。そしていくら見かけを取り戻そうとしても、失われた心の傷を負ったネリーは昔のネリーには戻れない。失われた同一性である。

　彼女のレスビアンのユダヤ人友人ルネよりはパレスティナに移住して、ホロコーストの悪夢を忘れようと誘われる。しかし彼女は生き別れた愛するドイツ人の夫でピアニストを忘れられず、彼を探し求めて毎夜毎夜連合軍占領地区のベルリンを彷徨する。そして、ついにアメリカ地区のバー PHOENIX にて発見するのだが、男は彼女が妻であることに気が付かない。ただ背格好など妻に似ていると考え、死んだ筈の彼女を＜妻＞に仕立て上げようと企むのだった。そのことにより、大富豪の財産をせしめることができるからだ。

　こんな汚い夫の野望を事実とは認めたくない、そんな男ではないはずと、彼女は、それでも夫が本物の妻であることに気が付くのを待つ、まさに＜純朴な女心＞一筋で、その計画に乗るふりをするのだった。ここのところが分かりにくいところだが、それだったら洗いざらい全部を夫に話せばよいではないかと思うだろうが、それを話さないところが上述の＜失われた同一性＞のネリーの愛憎のアンビヴァレンスと言えるのではないか！

　男は本物の妻とは一向に分からない。そして男の悪い評判を聞くルネはそれを止めさせようとネリーを説得するのだが・・それでも彼女は男を忘れられない。男には妻が死んだとの確信がある、一方女は男が気が付き愛を取り戻してくれる望みを持ち続ける、そんな男女の残

酷な心のすれ違いだが、この哀れな女心を演じるネリーに扮するニーナ・ホスの名演技は絶妙だ。因に PHOENIX とは不死鳥、数百年に一度、自ら香木を積み重ねて火をつけた中に飛び込んで焼死し、その灰の中から再び幼鳥となって現れるという。

　この映画の大団円の鍵はかってのアメリカンスタンダード＜ SPEAK LOW ＞だ。1943 に Kurt Weill 作曲，Ogden Nash 作詞、歌手 Mary Martinand Kenny Baker がブロードウエイ・ミュージカル "One Touch of Venus" で歌ったものでその後有名歌手が次々と歌った。

Speak low when you speak, love
Our summer day withers away too soon, too soon
Speak low when you speak, love
Our moment is swift, like ships adrift, we're swept apart, too soon
Speak low, darling, speak low
Love is a spark, lost in the dark too soon, too soon

　最後歌手だった彼女が親戚一堂の前で夫にピアノを弾かせ歌う、そのかっての妻の独特の癖のある歌唱風やっと本物の妻と分かった夫、そして女は最後の復讐へと筋のヒネリは抜群の面白さだ。

　最後にロマ書を引用する。
「07:15 わたしは、自分のしていることが分かりません。自分が望むことは実行せず、かえって憎んでいることをするからです。07:16
　もし、望まないことを行っているとすれば、立法を善いものとして認めているわけになります。07:17 そして、そういうことを行っているのは、もはや私ではなく、私の中に住んでいる罪なのです。07:18 わたしは、自分の内には、つまりわたしの肉には、善が住んでいないことを知っています。善をなそうとする意志はありますが、それを実行できないからです。」

Charlize
Theron

シャーリーズ・セロン

1975 年 8 月 7 日、南アフリカ共和
国ハウテン州に生まれる。国籍は
南アフリカ共和国。
2007 年米国市民権獲得。
『モンスター』（2003 年）にてアカ
デミー主演女優賞とゴールデング
ローブ賞主演女優賞。

主な出演映画

『モンスター』
『ハンコック』
『スノーホワイト』シリーズ
『プロメテウス』
『マッドマックス 怒りのデス・ロード』
『ワイルド・スピード ICE BREAK』
『アトミック・ブロンド』
『タリーと私の秘密の時間』
『スキャンダル』

Height	Weight	Measurements	Bra size	Eye color
177	55	91-61-91	75B	Green

20

あの日、
欲望の大地で

原題 The Burning Plain
監督 Guillermo Arriaga
（ギジェルモ・アリアガ 1958年生）
2008年

私は人が生きる状況にとりつかれている。美的なものよりも、倫理的なものを描きたい。人間の矛盾や複雑さを描きたい。人間の知性と獣性、美と獣の間の緊張感を語りたいのだ。

〜ギジェルモ・アリアガ（越川義昭とのインタビュー）

　『21 グラム』や『バベル』などの脚本家として知られるギジェルモ・アリアガが、監督として長編デビューを飾った壮大な愛の物語である。
　映画は1990年台半ばのメキシコ国境の近くのニュー・メキシコ州のラス・クルーセスに近い小さな街から始まる。キム・ベイジンガー扮するジーナが4人の子供の母親として、ヨアキム・デ・アメイダ扮する家族持ちの男ニックと不倫を行なっていることが分かる。ジーナのティーンエイジャーの娘マリアナ（ジェニファー・ローレンス扮する）がそれを発見する。マリアナは母を尾行して、不倫の現場であるトレーラーを見つける。そして放火する。それはガスタンクに引火して爆発を起こして母親とニックは車もろとも爆死するのだ。
　マリアナには殺す意思はなく、ある意味で悪戯が過ぎた、悪戯が

惨事を起こしたというのが真実であることが分かる。葬式の後マリアナはニックの息子サンチャゴと関係を深め、すぐに彼女が妊娠したことが分かった。それはサンチャゴの子供である。2人は大人たちの反対を振り切って家族を捨てメキシコに逃亡しそこで子供を産むことなる。マリアナは名前をシルビアに変えるのだった。子供は女児だった。

　それから10年以上ののち、シルビア（シャーリーズ・セロンが扮する）はオレゴン州のやや高質のレストランで働いている。シルビアは片っ端から男を漁ると同時に自殺願望で悩まされる。場面はサンチャゴの仕事のパートなーであり友人でもあるカルロスという男につけまわさている場面だ。サンチャゴが種まき飛行機の事故で病院に入院しており、カルロスにシルヴィアを探すように頼んでいたのだ（シルビアはサンチャゴと縁を切り行方不明だった）。
　カルロスは英語ができずシルヴィアはスペイン語ができずチグハグで目的などが通じない。しかしカルロスは彼女の娘、すでに12歳の子供を連れてシルヴィアを驚かせた。しかしシルヴィアには罪の意識もあり、逃げ出してしまう一方、娘も母親の態度にひどく心が傷ついてしまう。彼女が家にたどり着くと、すでに家の前でカルロスと娘が待っているではないか？

　その後3人してメキシコへ、飛行機事故に会ったサンチャゴを見舞いに行く。命に別状はないのかと医者に聞くと大丈夫だと、希望の光を残して映画は終わる。
　子供の頃のある意味で悪戯が惨事をもたらし母親とその愛人の命を奪った。人間なら当然ながらそのトラウマを背負って人生を生きることになる。母親の不倫は子供には耐えがたい。何か子供は母親の愛を奪われたような気になる。そしてそんな悲しみを知りながらも自分の娘に同じようなフラストレーションを感じさせてしまう皮肉な人生。愛を渇望する一方で、過去のトラウマと言える宿命を背負いながらも、

一筋の光に導かれる3世代の女性たちの生き様を描いたこの映画は僕の生涯映画ベスト・テンに入るだろう。

　陰のあるミステリアスなその母親を演じるシャーリーズ・セロンの演技は完璧すぎるほど素晴らしい。実際彼女は15歳の時に、暴行しようとする酒乱の父親に対して部屋に逃げ込んだが父親がドアに発砲し、娘の命の危険を感じた母親が父親を射殺した事件があり、正当防衛と認められたが、この事件がセロンに与えた心理的トラウマはまさにこの演技の源ではないだろうか？

　ギジェルモ・アリアガ監督はメキシコ・シティで生まれ、最も治安の悪い地区に育つ。13歳の時、喧嘩の傷が元で嗅覚を失う。このような環境下での経験がその後の彼の作品に影響を与えているとされる。脚本家になる前はボクサーやバスケットボール選手、サッカー選手などをしていたという。その後、イベロアメリカーナ大学で心理学を学ぶ。

　イベロアメリカーナ大学で教鞭を取っている時、映画監督のアレハンドロ・ゴンサレス・イニャリトゥで出会う。2000年に彼の長編映画デビュー作となる『アモーレス・ペロス』の脚本を担当し、プロデューサーも務めた。本作は第53回カンヌ国際映画祭の批評家週間部門、第13回東京国際映画祭でグランプリを受賞。この成功を受け、イニャリトゥは次作『21グラム』（2003年）をアメリカで製作。アリアガは本作でも脚本とプロデューサーを兼任した。

　2008年、自身初の長編映画『あの日、欲望の大地で』を監督。第65回ヴェネツィア国際映画祭のコンペティション部門に出品され、出演したジェニファー・ローレンスにマルチェロ・マストロヤンニ賞（新人俳優賞）をもたらす。アリアガはローレンスを「メリル・ストリープの再来」と称した。

Marion Cotillard

マリオン・コティヤール

1975 年 9 月 30 日、フランス・パリに生まれる。国籍はフランス。1994 年オルレアンにある Conservatoire d'art dramatique in Orléans 卒業
『エディット・ピアフ〜愛の讃歌〜』（2007 年）アカデミー主演女優賞とゴールデングローブ賞主演女優賞。

主な出演映画

『TAXi』シリーズ
『ロング・エンゲージメント』
『エディット・ピアフ〜愛の讃歌〜』
『NINE』
『インセプション』
『君と歩く世界』
『ダークナイト ライジング』
『エヴァの告白』

Height	Weight	Measurements	Bra size	Eye color
168	57	89-61-86	70C	Green

21

たかが
世界の終わり

原題 JUSTE LA FIN DU MONDE/IT'S ONLY
THE END OF THE WORLD
監督 Xavier Dolan（グザヴィエ・ドラン
1989 年生）
2016 年、カナダ映画

無関心な知恵より、
情熱的な狂気の方がいいのです。

グザヴィエ・ドラン

J'ai toujours préféré la folie des passions à la sagesse de l'indifférence.

　まずこの映画の最高殊勲者であるグザヴィエ・ドラン監督は、カナ
ダのケベック州モントリオール出身で、父親は俳優のマヌエル・タド
ロス（エジプト出身のコプト教徒カナダ人）である。2009 年、19 歳
にして『マイ・マザー』で初監督を務め、主演と脚本家も兼ねた。第
62 回カンヌ国際映画祭の監督週間で上映された。長編映画 2 作目『胸
騒ぎの恋人』は 2010 年に第 63 回カンヌ国際映画祭のある視点部門
で上映された。長編映画 3 作目『わたしはロランス』もまた 2012 年
の第 65 回カンヌ国際映画祭のある視点部門で上映され、クィア・パ
ルムを受賞した。
　2013 年の『トム・アット・ザ・ファーム』は第 70 回ヴェネツィア

国際映画祭のコンペティション部門で上映され、国際映画批評家連盟賞を受賞。2014 年の『Mommy/ マミー』は第 67 回カンヌ国際映画祭で審査員賞を受賞した。まさに破竹の勢いの映画界での出世ぶりだ。そしてこの作品『たかが世界の終わり』で第 69 回カンヌ国際映画祭グラン・プリを受賞した。さらに 2018 年、初の英語作品『ジョン・F・ドノヴァンの死と生』を監督した。

　この映画は同性愛絡みであり、苦手の部門だが、それでもなお僕がこの作品の完璧性に拍手を送るのだから相当なものだと分かるだろう。プロ好みの素晴らしい映画だし、人間の愛と憎悪と無関心を描いて感嘆した。この映画評はちょっと趣向を変えてみた。

　登場人物は 5 人の演技派が演じるある中流の下の家庭のある日の出来事だ。

　家庭内の構成

＊母マルティーヌ（ナタリー・バイ）：よくある子供を愛する母親だが、あまり知的なレベルの母親でもなくごく普通のお母ちゃん。この母親は次男を熱愛している。

＊兄アントワーヌ（ヴァンサン・カッセル）：これが多分弟と幼少の頃から成績も良くなく乱暴者で、家庭の厄介者で職工分際。弟に対してめちゃくちゃな劣等感がある屈折した男。

＊兄嫁カトリーヌ（マリオン・コティヤール）：善良な普通の嫁だが知的レベルが低く、フランス語もドモリぎみ。心は庶民的な優しさがあるが、旦那に逆らってまで抵抗しない。しかし美男の弟に初めてあって心が惹かれる。

＊弟ルイ（ギャスパー・ウリエル）：美男子（アランドロンなみ）であるがゲイにはまり 12 年前家出した。しかし劇作家として成功した。この弟がどうやらエイズに感染して死期を宣言され、12 年ぶりに家族のところにそれを報告せんがために帰ってきた。

＊妹シュザンヌ（レア・セドゥ）：新鮮な個性マスクの女優レア・セドゥが演じる。弟とはまだ幼少の頃で別れた思い出があるが兄を嫌い弟を

慕っていて、帰宅に歓喜している。かなり荒れた生活をしてボイフレンドとの間で身ごもっている、いわば不良少女。

　この５人を見事な演技派俳優が舞台劇のように演じる、いわば言葉の応酬劇である。舞台劇的なのだが異なるのはカメラワークがクローズアップで発言する各々をリアルに捉える手法が斬新だ。

　この平凡な家庭に帰ってきた弟ルイ、母親や妹の大歓迎、それに比べいまだに屈折したコンプレックスと僻みがある兄、そして素朴な好意を寄せる兄嫁　これらが弟とそれぞれ二人、あるいは弟と三人そして全員で言葉の応酬が実に面白いのだ。

　弟は結局、何も言い出せない、いちいち弟にケチをつける兄の不協和音、それに反発する妹、結局この平凡な家庭の中での様々な家族構成員の家族だからこその生の応酬が面白いのだが、まさに瞬間瞬間移り変わる憎悪と愛そして無関心、人間の心など愛と憎悪、愛と無関心などどっかのカトリックの二元論では割り切れない、家族だからこその、結局は愛を中心にした憎悪と無関心それも実は愛の一部と感じ取らなければならないリアルな世界を体験してもらいたのだ！

　もうしびれるほどの名演技、そして冒頭と最後弟が一人結局目的も果たせずに去っていく姿に、何か不安と失望よりも、空気や水のような家族の愛（ことさら愛を叫ぶ必要もない、時には無関心時には憎悪も合わせた全体の愛の調和）を感じ取ることができれば多分この監督の趣旨に合うのではないだろうか！

　この映画のタイトルの日本語訳は明らかに間違っている。世界の終わりではなく、この弟のこの世の終わりと解すべきだろう！こいつら分かってるのか？　と言いたい。

　しかし仏語と英語の題目から、たかだか人生って短かろうが長かろうが同じこと　まあ生きている間に家族や人生を経験したな！ことさら仰々しく＜僕は死に行きます＞などという必要もないだろうという、虚しさと皮肉も当然こもっているのだ！

Kate
Winslet

ケイト・ウィンスレット

1975年10月5日、英国バークシャー州レディングに生まれる。英国国籍。
地元の演劇学校 Redroofs Theatre School に11歳から16歳の間通った。
『愛を読むひと』（2008年）アカデミー主演女優賞とゴールデングローブ賞助演女優賞。同時に『レボリューショナリー・ロード』（2008年）にてゴールデングローブ賞主演女優賞とダブル受賞。その他1回ゴールデングローブ賞

主な出演映画

『いつか晴れた日に』
『タイタニック』
『アイリス』
『エターナル・サンシャイン』
『ネバーランド』
『リトル・チルドレン』
『レボリューショナリー・ロード / 燃え尽きるまで』
『おとなのけんか』
『とらわれて夏』
『スティーブ・ジョブズ』
『女と男の観覧車』
テレビドラマ
『ミルドレッド・ピアース 幸せの代償』

Height	Weight	Measurements	Bra size	Eye color
169	63	94-66-91	75C	Blue

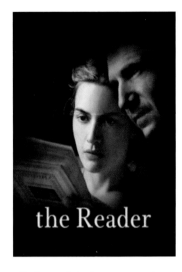

the Reader

愛を読むひと

原題　THE READER
監督 Stephen Daldry
（スティーブン・ダルドリー、1961 年生）
2008 年、アメリカ・ドイツ合作映画

彼女は疲れ切っていたに違いない。
彼女は裁判で闘っていただけではなかった。
彼女は常に闘ってきたのだ。何ができるかを見せる
ためではなく、何ができないかを隠すために

　　1995 年に出版されたベルンハルト・シュリンクの小説『朗読者』を、
英国のスティーブン・ダルドリー監督が映画化。原作はドイツのベル
ンハルト・シュリンクによるもので、ベストセラーとなった小説の映
画化である。難を言えば、ドイツ舞台の作品が英語で演じられている
点である。やはりこれがドイツ人によるドイツ語だったらどれだけ迫
力があっただろうか。81 回アカデミー賞では作品賞を含む 5 部門に
ノミネートされ、ケイト・ウィンスレットが主演女優賞を受賞。
　　この映画はドイツの学者の家系に育った 15 歳の少年が、猩紅熱に
罹り路上で苦しんでいるときに年上の女性車掌（36 歳）に助けられ、
その後、彼女への思いが募り二人の甘い愛が結晶していく映画として

の第一幕がある。

友人たちがアレンジした自分の誕生日パーティもそこそこに、彼女の家に日参する毎日である。学校で文学を学ぶ少年は愛の行為の前に必ず彼女に読んで聞かせるという条件がある。映画の原題の THE READER とはそこから来ている。

少年の甘い生活が続くある日突然彼女は姿を消す。実は彼女は車掌の完璧な仕事ぶりを認められ事務職に栄転を命じられたが、それを断りなんとナチスＳＳに志願し収容所の看守となっていたのである。忠実な彼女は淡々と言われるままに収容所での＜上官の命令＞をこなした。

映画の第二幕は彼女を含むナチスドイツのユダヤ人等への犯罪を総括する裁判に、あの後ハイデルベルグ法科大学に進学した少年（青年）が裁判実地研修として裁判で被告席の彼女と邂逅してしまう。

悪逆非道の＜上官の命令＞に忠実に従う人々の責任について、裁判長や検事は激しく弾劾する。裁判は結果論の偽善と欺瞞でもある。

淡々と臆することなく自分に圧倒的に不利な証言をする彼女。そんな彼女に終身刑が言い渡される。実は青年には彼女自身の冤罪を晴らすべく決定的証拠を持っていたのである。

その少年の動揺と悩み、そんな中で青年は彼女との面会に拘置所に出向くのだが……冤罪を晴らすために、彼女がある事実を主張するとき、それは自分にとっての大切な秘密を告白せねばならない。

青年は青年で、当然葛藤する。それを主張すれば、彼女の罪は重罪から逃れられるからだ。彼女の気持ちを慮る男の優しさがあるのだ。

映画の第三幕はすでに弁護士に出世した少年が、離婚を経験し心の隅に残っていた女性への愛慕を確かめるように、実家にあった少年時代の朗読の記録をもとに当時を再現して刑務所にテープを送り続ける下りである。模範囚として釈放される直前の面談と悲劇そして後日談

とそのクライマックスに涙を流さない観客はいないであろう。

　この映画でアカデミー主演女優賞に輝いたケイト・ウィンスレットの名演技は芸術的とすら言える。あの売り出しだった『タイタニック』時代のいわば大根演技から『レボリューショナリー・ロード / 燃え尽きるまで』の白熱の演技とともに彼女の成長に驚くばかりである。

　判事になったレイフ・ファインズ の少年時代のデヴィッド・クロスの演技が新鮮でなかなか光っている。レイフ・ファインズの抑制された渋い演技、そして一生忘れられない愛を抱えて生きる男の孤独と優しさの演技は彼を除いて他になかっただろう。ハイデルベルグ大学法学部教授にかって「ヒトラー〜最期の 12 日間〜」でヒトラー役で注目を浴びたブルーノ・ガンツが脇役で光っている。

　この映画のサントラは地味なストーリー運びを静かに引き立たせる単調だが品格のある音色である。アルベルト・イグレシアスの作品である。

　ベルンハルト・シュリンクの原作『朗読者』（松永美穂訳、新潮文庫）も読んだ。なかなかの文芸作品であり、作品に忠実な映画と同様感銘した。

　「彼女は疲れ切っていたに違いない。彼女は裁判で闘っていただけではなかった。彼女は常に闘ってきたのだ。何ができるかを見せるためではなく、何ができないかを隠すために。彼女の人生では、出発は大きな後退を、勝利は密かな敗北を意味していた。ぼくの故郷の町を去った時にハンナにとっての問題だった事柄と、ぼくが当時想像し思い描いていた別離の理由とが全く違っていたという事実は、妙にぼくの心を動かした。……」なかなか渋いくだりであり、イマジネーションを豊かしてくれる表現だ。

　例によってこの映画を、ドイツの戦後戦争責任などと野暮な政治的解釈だけは止めてほしい。

Diane
Kruger

ダイアン・クルーガー

1976 年 7 月 15 日、西ドイツニー
ダーザクセン州ヒルデスハイムに
生まれる。
バレリーナを志し、ロンドンのロ
イヤル・バレエ・スクールで学ん
でいたが、怪我で断念。その後、
ドイツでモデルとして活躍。パリ
に移り、フロラン演劇学校で演技
を学び、同校の優秀な生徒に与え
られるクラッセ・リプレ賞を受賞
する。
『女は二度決断する』（2017 年）、
カンヌ国際映画祭女優賞。

主な出演映画

『トロイ』
『ナショナル・トレジャー』シリーズ
『イングロリアス・バスターズ』

Height	Weight	Measurements	Bra size	Eye color
170	57	84-58-89	70B	Blue

23

女は
二度決断する

原題 Aus dem Nichts
監督 Fatih Akin
（ファティ・アキン、1973 年生）
2017 年、ドイツ映画

Aisu Nobu
Kita Yama

復讐するは我にあり： 復讐してはならない。民の人々
に恨みを抱いてはならない。自分自身を愛するよう
に隣人を愛しなさい。わたしは主である。

『レビ記』19 章 18 節

　カンヌ映画祭でダイアン・クルーガが主演女優賞に輝きゴールデン・
グローブで最優秀外国映画賞を獲得したこの映画だが、監督はトルコ
系ドイツ人ファティ・アキンだ。36 歳で世界三大映画祭で賞を獲得
した鬼才である。ハンブルグで二世で生まれたのでドイツ語は堪能だ
ろう。しかし彼のイスラム教の基礎がドイツのプロテスタント文化さ
らにはユダヤ文化と融合したのか、この映画の描く復讐の世界は秀逸
だ。

　ある平和なトルコのクルド系で麻薬で務所に五年ぶち込まれ刑務所
でドイツの金髪女性と結婚し、平和で優雅な暮らしをしていた一家に
突然テロリズムが遅い、女は夫と子供を失う。裁判ではまさに正義よ
りも法匪的手法が取られ意外にも明らかな犯人だが＜疑わしきは罰せ
ず＞の原則で無罪となる。法廷での法匪の人権弁護人の＜活躍＞はど
この国でも同じだ。

　傷心の彼女が取った選択とは何か？＜復讐するのは我（神）にあり＞
から始まるイエスの復讐禁止のキリスト教思想、それにユダヤ教の復
讐の容認、さらにはイスラム教の戦闘的ジハード自爆テロ、そしてそ
れらをアウフ・ヘーベンする解決は何なのか、もやもや消化不良の観

客も最後の決断に納得し、見事な死生観を描いている。僕の大好きなタイプの映画であり、見応えは十分だ。ダイアン・クルーガー今やドイツというブス女性国家でこれほど金髪美人で知性的で合理性に富むドイツ的な雰囲気の中で女性の弱さと大胆さの演技で場面を圧倒する演技、お見事である。

　トルコ人移民に対する連続殺人や爆弾テロを行っていたネオ・ナチ組織、国家社会主義地下組織（NSU）の事件をベースとしている。

　事なかれ主義のドイツ政府も警察もメディアもトルコ人同士の抗争という、保身的な見解で、トルコ人社会を治安悪化の主犯として責める報道が流れとしてある。アキン監督も元はトルコ系移民よって、身近な自分の問題と捉えることは当然としても、根底にあるレイシズム的排外主義をテーマとして取り上げたかったのに違いない。監督はネオナチから脱退した人たちへの取材を繰り返し、「人は暴力では変わることができないが対話などで変わることはできる」ということを確信したという。一方で、「暴力がいかに次の暴力を生み出し、ヘイトがいかに次のヘイトをもたらすか。今作は、そうした連鎖についての物語だ」とも述べている。

　イエスが2000年前に説いたように、復讐ではなく、それを赦すということしか、この悪の連鎖は止めることはできない、その為には人は変わりうる、ということを信じることができるか、それともやはり暴力による復讐しか被害者の安寧の場はないのかというのが、この映画のテーマだ。ちなみにダイアン・クルーガーはカトリック信者らしい。親類のポーランド人の血筋なのかもしれない。彼女の演技に不当な裁判の判定への、抑えることのできない怒りの爆発、そして復讐の鬼になる当然の怒り、しかしいざ犯人に爆弾を仕掛ける時に躊躇する、その忸怩たる思い、映画を見るものには、その怒りと倫理性がジーンと伝わってくるのだ。だからこそ彼女の演技がカンヌで勝利したのだろう。僕はこの映画を三度見たが都度彼女の演技に引き込まれる。

　映画はデンマークのフォン・トリアー監督のように確か三つの章に

都度案内が出たと記憶する。下記ネットにあるものを一部取り上げた。

第一章 家族

クルド系移民のヌーリは麻薬取引で懲役刑に処されたが、刑務所で経営を学び、出所後はハンブルクで旅行代理店を経営し、生粋のドイツ人の妻カティヤと結婚した。息子ロッコが6歳になったある日、カティヤは友人とエステへ外出するために、息子をヌーリの事務所に預けてゆく。ところが事務所に戻ると通り一帯が警察によって封鎖されており、事務所は何者かに爆破されていた。DNA鑑定で、現場で発見された身元不明の遺体がヌーリとロッコのものであると告げられたカティヤは絶望で暴れる。

第二章 正義

カティヤは被害者遺族として、容疑者であるアンドレとエッダのメラー夫妻に対する裁判に立ち会うことを決める。裁判の最初に、メラー夫妻の弁護士はカティヤの退廷を求めて原告側を揺さぶる。爆破前に見た自転車の女とエッダ・メラーが同一人物だと主張したところ、弁護側はカティヤのコカイン使用歴を挙げ、最近まで薬物を使用していたカティヤの証言には全く信ぴょう性がないと主張。原告側は薬物テストを拒否する。

裁判官は、推定無罪の原則に立ち、メラー夫妻の無罪判決を下す。

第三章 海

裁判後、メラー夫妻は海辺での休暇中の勝ち誇ったような写真をSNSに上げる。マルキスの経営するギリシャのホテルにいると見たカティヤは、ギリシャに向かう。カティヤはホテルを見張り、マルキスらに追われながらも、マルキスが海辺の松林のキャンピングカーにいるメラー夫妻に荷物を運んでいるところを目撃する。カティヤはホームセンターへ向かい裁判で聞いたのと同じような爆弾の材料を買い、ホテルに戻ってくぎ爆弾を作りバックパックに入れ、キャンピングカーの下に仕掛けるが、見張っているうちに葛藤が起こり、爆弾を回収して引き上げる。そして……。

Jessica
Chastain

ジェシカ・チャステイン

1977 年 3 月 24 日、米国カリフォ
ルニア州サクラメントに生まれる。
1998 年 the American Academy
of Dramatic Arts を卒業、その後
ニューヨークの Juilliard School 演
劇部 に受けいれられたが、入学後ス
ランプに陥るが立て直し 2003 年
Bachelor of Fine Arts degree を取
得した。
『ゼロ・ダーク・サーティ』(2012 年)
こてゴールデングローブ賞主演女
優賞。

主な出演映画

『ツリー・オブ・ライフ』
『ヘルプ 〜心がつなぐストーリー〜』
『ゼロ・ダーク・サーティ』
『インターステラー』
『オデッセイ』
『モリーズ・ゲーム』

Height	Weight	Measurements	Bra size	Eye color
163	56	91-63-89	75B	Green

24

女神の
見えざる手

原題 Miss Sloane
監督 John Madden
（ジョン・マッデン）
2016 年、アメリカ映画

> われわれの経験では、
> 信義を守ることなど気にしなかった君主のほうが、
> 偉大な事業を成し遂げていることを教えてくれる。
>
> マキャベリ

　映画＜人間の野心と実存主義の素晴らしさ＞を描いた絶好の娯楽映画で 2 時間超まんじりもしない監督と女優の演技力の賜物だ！素晴らしい映画だ。

　僕は女優の魅力を満喫できるのが映画へののめり込みの動機の一つだ。よってどうしても好みの女優には思い入れがあり、その偏見が映画評にもろ出てしまうのは容赦願いたい。

　アメリカ女優のジェシカ・チャステインもその一人だ。2012 年には禁酒法時代を舞台にしたジョン・ヒルコート監督の『欲望のバージニア』、CIA によるウサーマ・ビン・ラーディンの捜索と殺害を描いたキャスリン・ビグロー監督の『ゼロ・ダーク・サーティ』などに出演した彼女特に後者の演技で第 70 回ゴールデン・グローブ賞主演女優賞（ドラマ部門）を受賞。

　この女優の特色は蝋のように白すぎるくらいの肌、そして一見傷つきやすく、か弱い女性に見えるが（実生活ではそうかもしれない）それどころか、どこからそんな迫力が出てくるのかわからない芯の強い

生命力のある女性を演じて抜群だ。『ゼロ・ダーク・サーティ』など最たる映画だ。

　この映画はアメリカ政界の野心家の権化と言える辣腕ロビイストを演じている。今話題の銃規制の問題の賛否をめぐり議員の多数派工作をするのが彼女の役目である。まさに彼女は＜自分が必ず勝利することを信じて＞生きており、目的のためには手段を選ばない。
　敵側の情報を的確にキャッチし、スパイを潜り込ませ、時には笠ネタを与え、どんでん返しで刺し殺す、そんなシナリオまで危険を冒し作りかつ演出する、しかも自分の部下たちの事前に徹底的調査で掴んだ個人情報を利用しながら、作戦の秘密が漏れるのを防止するために、極めつきの最後の一刺し作戦も彼女限りとして部下を信用しないどころか、利用するほどの徹底的やり手である。
　自分の猛烈な性欲の捌け口には、ジゴローを買い、ジゴローの脅迫にもビクともせず、逆に囮として相手陣営が飛びついたのを最後の証言台で否認させる超難度の裏技など、すべてが彼女の手駒として操られる。
　この映画では冷徹冷血非情ないわば阿漕さを描いているが、実は彼女には社会を良くしたいという正義感もあって、単なるエゴの金儲けだけではない動機がある。ただ最高のプロとして案件の大きさで成功することに全精力を使うプロ根性には納得する。

　日本にも毀誉褒貶、しかし自分の野望と理想を実現させるために手段を選ばない、というか権力を握らないと何の政策も実行不可能なる当たり前の野心家と努力家、昨今も再度話題に登る、日本の女性都知事と重ね合わせて見ても面白い。
　人間生まれた限り、自分に向いた野望と野心とに燃える素晴らしさ、こういう闊達な人間の存在なしには、そもそも社会も進化しないことを銘記すべきである。
　こんなにえぐい女性でも鑑賞していて惹かれていき、最後には彼女

に惚れるほど、拍手を心より送りたくなる、スーパーウーマン、僕だけでなく男女問わずそう感じるだろう。本物の悪とは異なるのは＜エゴを離れた理想もあること＞が、こうさせるのかもしれない。僕の持論だが、人間の評価など善悪二元論ではダメなのだ。むしろ人間が生まれた以上、まさに野望と野心を実現させる、あくなき戦いを続ける、自己責任感覚のある人間こそが、素晴らしく、まさにそれこそが人生讃歌と言えるのだ。

　宗教に頼る他力本願（他人にすがるという意味で使っている）こそが、ニーチェもいう通りの、羊に典型な、ただただ従順なケノーシス人間であり、何の魅力も何の社会貢献もない、まさに＜人間失格＞なのだ。

　さてアル・パッチーノの名画『セント・オブ・ウーマン / 夢の香り』（原題：Scent of a Woman）1992 年で、パッチーノが大演説を振るう場面があるが、それを彷彿させるような上院調査委員会で彼女がブツ演説の素晴らしさ、つくづく日本の社会ではありえないアメリカならではの言語の世界を映画で名優が見事に喋るのはなかなか感慨深いものがある！

　英国の監督ジョン・マッデンは数々の名作を生み出しているが『恋におちたシェイクスピア』ではオスカーを受賞した。

「もしどんな瞬間でも真正面から取り組み、一緒にいる相手と過ごす時間のどんな瞬間も愛しそして相手を愛することをしなければ、人生はそれを実現する前に終わってしまうのよ」

If you don't fully take every moment and love every moment and every person that you're with, your life will be over before you realise.

　～ジェシカ・チャステイン

　最後にマキャベリの名言をもう一つ。

「権力を持った人々の間でも最近に与えた恩恵によって以前の怨念が消えるなどと思う人がいたならば、その人は取り返しのつかない誤りを犯すことになる。」

Rachel
McAdams

レイチェル・マクアダムス

1978 年 11 月 17 日、カナダ・オンタ
リオ州ロンドンに生まれる。
ヨーク大学演劇学部を 2001 年卒業

主な出演映画

『ミーン・ガールズ』
『きみに読む物語』
『ウェディング・クラッシャーズ』
『シャーロック・ホームズ』シリーズ
『恋とニュースのつくり方』
『ミッドナイト・イン・パリ』
『君への誓い』
『アバウト・タイム～愛おしい時間について～』
『サウスポー』
『ドクター・ストレンジ』
『ロニートとエスティ　彼女たちの選択』
『ゲーム・ナイト』
テレビドラマ
『TRUE DETECTIVE/ ロサンゼルス』

Height	Weight	Measurements	Bra size	Eye color
163	54	86-61-89	70B	Hazel

25

スポットライト
世紀のスクープ

原題 SPOT LIGHT
監督 Tom McCarthy
（トム・マッカーシー　1960年生）
2015年、アメリカ映画

沈黙は次の犠牲者を生む。

カトリック教会の聖職者から性被害を受けた信徒らが21日、「カトリック神父の性虐待を許さない会（仮称）」を設立し、長崎市内で集会を開いた。約40人の参加者を前に、被害信徒らが性暴力の実態や教会側の対応について報告した。

毎日新聞報道　2020年6月22日

　『スポットライト 世紀のスクープ』（原題：Spotlight）は、2015年のアメリカ映画であり、ジョシュ・シンガーとトム・マッカーシーが脚本を執筆し、マッカーシーが監督を務めた。映画は2003年にピューリッツァー賞を公益報道部門で受賞した『ボストン・グローブ』紙の報道に基づき、米国の新聞社の調査報道班として最も長い歴史を持つ同紙「スポットライト」チームによる、ボストンとその周辺地域で蔓延していたカトリック司祭による性的虐待事件に関する報道事件について描いた映画であり、第88回アカデミー賞では作品賞、監督賞、助演男優賞（ラファロ）、助演女優賞（マクアダムス）、脚本賞、編集賞の6部門にノミネートされ、作品賞と脚本賞を受賞した。

　政教分離とはいえ教会という密室での社会的・精神的一大権力であるカトリック教会の暗部・恥部を描いた作品であり、映画作品としては特に傑出したものは無いがカトリックがスポンサーであるボストン・グローブ紙が自らの金主であるカトリックのスキャンダルを暴いた記者たちの勇気と正義が、この映画の受賞の理由でありまさにアメリカの強さであることを痛感する。

自然現象を摩訶不思議と感じた古の時代、そして絶えず戦争と飢饉に晒された人類が今なら科学によって理解できる認識のギャップに起因しかつ暗黒のなかで救いを求めた宗教、それが未だに世界の多くの人々の精神生活に大きな影響を与えている反知性の現実がある。さらに組織としての宗教にて自らの存続の拠り所としての掟がある。聖職者に対して独身を強制し性愛を禁じるカトリックの矛盾が聖職者によるいたいけな少年に対する変態的性的暴行を齎したのは明らかである。

　この忌まわしい吐き気を催す事実を述べる。ボストン・グローブ紙は 2002 年 1 月、ボストン司教区の教区司祭ジョン・ゲーガン神父が、30 年にわたるボストンの司祭生活の中で、延べ 130 人もの児童に対する性的暴行を行って訴訟を起こされたこと、またカトリック教会はゲーガンに対しなんら制裁をせず、移動だけで誤魔化してきたことを報道した。

　責任者たるボストン大司教バーナード・フランシス・ロー枢機卿は、世論の厳しい批判を受け、2002 年 12 月に辞任に追い込まれたが、それでもなお当時法王であったヨハネ・パウロ 2 世は、逃げるようにしてボストンからローマに逃走したロー枢機卿を 2004 年ローマのサンタ・マッジョーレ教会の最高ポストに任命して＜匿った＞のは、この時点でもローマは事件の重要さを認識していなかったというより隠蔽工作の共同謀議をし続けていたことを物語る。ロー枢機卿の過去は暴かれ、同教区で類似の事件はゲーガンのみならずジェームズ・ポーターが 1950 - 60 年代に、少なくとも 125 人の子どもへの性的虐待を繰り返していたにも関わらず教区内を転々とさせるだけであったということが明らかになった。

　社会的責任を無視したカトリックに対して激怒した民意に沿ってニューヨーク・タイムズ紙は 2003 年 1 月、過去 60 年間で米国カト

リック教会の1200人を超える聖職者が4000人以上の子供に性的虐待を加えたと報じた。さらに2004年2月16日には米CNNテレビは1950年から2002年にかけての52年間で、神父4450人が関与している疑いがあると報道し、件数は約11000件に上ると報じた。これはその期間中における神父の人数11万人の内の4%である。約11000件中立証できたのは6700件、立証できなかったのは1000件、神父が死亡したなどの原因で調査不可能になってしまったものが3300件であった。聖職者の性的暴力を調査する機関「Bishop Accountability（司教の責任）」によると、2007年12月までの段階で、全米4万2000人の司祭のうち、約3000人が性的虐待の疑いで弾劾され、捜査当局の調査対象となった者、有罪判決を受けた司祭もいたとされる。

　2008年4月、法王ベネディクト16世は訪米時に被害者達に面会して直接謝罪したが、聖職者の児童虐待は「アメリカ社会の堕落にも責任」があると屁理屈をこねた。2010年3月にはベネディクト16世自身が法王庁教理省長官たる枢機卿在任時に、虐待をしていた司祭の処分を故意に怠っていた疑惑が『ニューヨーク・タイムズ』によって報道されたが法王は「くだらないゴシップ」と切り捨て、周辺の司教らは一連の性的虐待事件について「一部の者の過ち」とし続けており、「性的虐待はカトリックだけの問題ではない」「何者かの陰謀だ」と逆に居直ったのだ。

　結局カトリックという組織は、その隠蔽による組織防衛姿勢において、世俗の組織いやマフィアや暴力団の組織と何ら変わりない体質があることが良くわかる。それどころか日頃奇麗ごと、平和・人権など口先で述べているが、思えばイエス生誕後2000年の歴史において、キリスト教が人類の＜救済＞にいささかの貢献があったどころか、むしろ宗教組織がゆえの残虐・戦争・腐敗など悪徳以外になにものでもなかったと言わざるを得ないのだ。

Rosamund Pike

ロザムンド・パイク

1979 年 1 月 27 日、英国ロンドンに生まれる。
オックスフォード大学 Wadham College にて学び 2001 年卒業。
2003 年に出演したウエスト・エンドでの舞台『Hitchcock Blonde』では、『ブルー・ルーム』のニコール・キッドマンのように裸で登場して話題になった。
2009 年、ロンドンで上演された三島由紀夫の戯曲『サド侯爵夫人』で主演を務めた。

主な出演映画

『007 ダイ・アナザー・デイ』
『プライドと偏見』
『アウトロー』
『ワールズ・エンド 酔っぱらいが世界を救う！』
『ゴーン・ガール』
『プライベート・ウォー』

Height	Weight	Measurements	Bra size	Eye color
174	59	89-61-89	70C	Blue

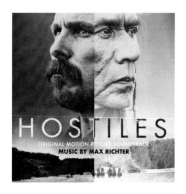

26

荒野の誓い

原題 Hostiles
監督 Scott Cooper
（スコット・クーパー、1970年生）
1917年、アメリカ映画

怒りって女性には許されないものなの。
でもわかるでしょ？私って本当に怒るのよ。
だってそれこそ正直な感情だから。

Anger is not an accepted thing for women. And, you know, I do get
angry. I feel it's a very honest emotion.

ロザムンド・パイク

　ハリウッドを支えた西部劇は 1960 年代に入ると、公民権運動が高
まると同時に西部劇の衰退を招くこととなった。1960 年にジョン・F・
ケネディが大統領に就任し人種差別の撤廃に強い姿勢で臨み、製作本
数も激減した。そしてイタリアなどでいわゆるマカロニ・ウェスタン
と呼ばれる多くの西部劇が作られ始めると、サム・ペキンパー監督『ワ
イルドバンチ』のようにマカロニウエスタンに逆に影響を受けた作品
も数多く生まれた。

　こうした状況から西部劇はそれまでの単純な善悪二元論では立ち行
かなくなり、1950 年代初頭には年間 100 本ほどの製作本数が、四半
世紀後の 1970 年代後半にはわずか 1 ケタの製作本数に激減していく。
60 年代から 70 年代になるとマカロニ・ウエスタンの影響を受けなが
ら制作され、1970 年代以後になると、クリント・イーストウッド主演・

監督の『許されざる者』（1992年）、ケビン・コスナー主演・監督の『ダンス・ウィズ・ウルブス』（1990年）・『ワイルド・レンジ 最後の銃撃』（2003年）などの秀作が生まれが、かつての活劇映画としての西部劇ではない。

　現在において西部劇は製作されているが数少なく、過去の作品と肩を並べるような傑作を世に送り出していない。西部劇は僕も子供の頃から好きなジャンルで、面白そうな映画は見に行くかDVDで見ることしている。

　さて、この映画の粗筋は＜1892年、インディアン戦争の英雄で現在は看守を務めるジョー・ブロッカー大尉は、シャイアン族の族長イエロー・ホークとその家族をニューメキシコから部族の居留地があるモンタナへ護送する任務に就く。道中、コマンチ族に家族を惨殺されたロザリーという女性を加えた一行に、互いの協力なしでは生き延びることができない危機的状況が次々と振りかかってくる＞といった展開だが、俳優が良いせいか盛り上がり、素晴らしい、美しい、人間の原点である復讐そして和解に深く切り込んだ作品であり聖書を理解していたらさらに興味は湧くだろう。

　インディアン先住民を殺戮した白人移住者、そしてそれに対するインディアンの復讐、泥沼のような戦い、かっての映画は虫けらのようなインディアンを悪、それを殺戮する白人は善の西部劇が圧倒した。先住民虐殺への反省はここ三十年の傾向ではないだろうか？

　この映画では主人公に扮するクリスチャン・ベールの迫真の演技が際立っているが、かってはインディアンの虐殺、それも友人が惨殺されたという男の復讐という美学があったが、そんな主人公も歳を重ねるうちに復讐の虚しさを理解もし始めた。そこにまさに白人の偽善からの芝居とも言える、＜癌で余命間近な命のイエロー・ホークの酋長を出身地まで送り届ける＞大統領の決定により護衛することになった。忸怩たる気持ちもあったが絶対命令で脅され渋々隊を組んで出発するのだった。

道中、白人居住地にコマンチ族に襲われ夫と子供3人を惨殺され自らは辛うじて生き残ったロザムンド・パイク扮するロザリーが一人焼け跡の家で半狂乱になっているところに出くわすのだ。このロザムンド・パイクの演技が最高の出来だ。＜ゴーン・ガール＞での名演技で一躍名優の座に躍り出たが、彼女は女のサガ丸出しの役、どこか精神的に病んでいる役、今回の役はまさにぴったり当てはまり、イギリスの育ちの良い家に生まれただけあってどこかノーブルな顔立ちが光っておりクリスチャン・ベールとの共演はうってつけの名演だった。最近彼女の映画が多く＜プライベート・ウオー＞その他ロザムンド漬けだ。

　映画はトランプの人種政策や復讐主義を批判しているのか、まず＜復讐とは何か？＞＜白人、黒人、インディアンの肌の違いの差別＞＜人間の罪とは何か？＞など問いかけて奥行きが深い。聖書的な観点もロザムンドが言うように＜神を信仰しなければ何を頼って良いのか分からない。心が弱い時、人間は死の誘惑へと進む＞などなど彼女の口からイエスの教えをふんだんに発信する。僕はキリスト教宣伝映画かとも思った瞬間もあった。しかし僕の解釈は主人公が愛読書として読み続け反復している＜ユリアス・カエサル伝＞が、あまりに杓子定規でありえない人間の罪とか生き方への聖書の束縛ではなく、あのローマ帝国の人間の勇気、男の美学、さらにローマ帝国の他民族への理解など彼の人生の尺度はキリスト以前のローマと僕は解釈した。誇り高き男と誇り高き女の美しさ、これはキリスト教などの尺度ではないと断定する。

　この映画で美しい人間の姿は各所に散りばめられるが、最後の主人公とロザムンドの西部の駅での別れの場面。お互い言い出さない女性のプライド、男性は美学として抑えに抑える感情、見ている方も何故一緒にならないのかとイライラを募らせる。それを意識した演出のうまさ………これ以上は言うまい。列車の別れの場面は昔から名場面があるがこの映画の観客の感情移入、涙なしには見られない。

Olga
Kurylenko

オルガ・キュリレンコ

1979 年 11 月 14 日、ウクライナ・
ソビエト社会主義共和国・ザポリー
ジャ州・ベルジャーンシクに生ま
れる。
国籍はウクライナ。

主な出演映画

『薬指の標本』
『パリ、ジュテーム』
『007 慰めの報酬』
『陰謀のスプレマシー』
『オブリビオン』
『スパイ・レジェンド』

Height	Weight	Measurements	Bra size	Eye color
176	53	86-58-89	70B	Green

27

ある天文学者の恋文

原題
Giuseppe Tornatore
（ジュゼッペ・トルナトーレ）
2016 年、イタリア映画

誰もが死ぬことは定めだろう。しかし私はいつも信じているが、私に限ってそれは例外だろう。

ウイリアム・サローヤン

"Everybody has got to die, but I have always believed an exception would be made in my case."

　僕の今までの生涯で最も評価する映画は「ニュー・シネマ・パラダイス」だ。監督は名匠ジュゼッペ・トルナトーレ。僕は彼のほとんどすべての映画を見ているが、彼の作風がガラッと変わったのは「シチリア・シチリア」の後の「鑑定士と顔のない依頼人」である。作風が変わっても彼のクラシックな男女関係の美しさ、それにいつもサントラを担当するエンニオ・モリコーネの素晴らしい音楽！

　そのモリコーネも本年 7 月、鬼籍に入った。封切りの日に入ったが、もうしびれる画面の構成の美しさ。絵になるような欧州特にイタリア・イギリスのエジンバラの美しさ。老年宇宙物理学の教授と親子の年も異なる教え子との三ヶ月の恋。教え子は命がけのスタントマンのアルバイトもやっている。なぜそこまで命をかけるのか、彼女には暗い過

去があった。

　老教授は彼女の知らぬ間に死んでいた。二人の間のやりとりをemail, youtube で見るとまさに現代の IT を駆使した監督の創作に基づく独創的な男女の恋愛劇を切なく美しく、とにかく見ているだけで涙ぐむ僕があった！

　なんという美しい筋回しだろうか？なんという物理的肉愛の美しさだろうか！ IT といわゆるキリスト教的死後の世界の美しさ、これはキリスト教のオカルトではない本物の愛の世界だ。
この近代の落とし子である IT を題材に人間の愛の本質、それはヴァーチュアルな愛、それでも心の愛が強く美しく存在するのだ！
僕の好きな名優ジェレミー・アイアンズの大人の演技、そしてウクライナとロシアの血を引く『007 慰めの報酬』にてボンドガールとなったオルガ・キュリレンコのこの美しいセクシーでしかも類のない個性的な美しさ、まさに観客をヴァーチュアルな夢想の世界に導くのだ！

　もう大喝采！　映画とはこうあるべきだ！　なんという美しい男女関係だ。

　トルナトーレの素晴らしさは発想が人間の歴史の最高の 20 世紀半ばの美しさを描いているのだ！　それを現代の虚構たる IT と絡めているところが素晴らしいアイデアなのだ！　美しい完璧な画像の中で一部醜い CG（コンピュータ・グラフィック）が登場してなんでやと僕は遺憾だったが、思うにこの IT の世界賛歌しつつ監督の自戒があるのではないかと穿った見方をしたのだ！　しかし画面の美しさはそれ以外とてつもない美しさだ。それを飾るこの女優の個性的マスクもしびれるのだ！

　この映画は名優ジェレミー・アイアンズとオルガ・キュリレンコを主演に迎えて描くヒューマンミステリー。音楽はトルナトーレ監督作おなじみのエンニオ・モリコーネが担当。著名な天文学者のエドと教え子のエイミーは、周囲には秘密で年の差の恋愛を満喫していた。ある日、大学で授業を受けていたエイミーのもとに、出張中のエドから

「もうすぐ会える」というメールが届くが、エドの代わりに教壇に立っていた別の教授から、エドが数日前に亡くなったという訃報を知らされる。その後もエイミーのもとにはエドから手紙やメール、贈り物が届き、疑問を抱いたエイミーはエドの暮らしていたエジンバラの街を訪れる。そこでエイミーは、彼女自身が誰にも言えずに封印していた過去について、エドが調べていたという事実を知る。

　最後にキュリレンコのコメントを引用する。

「恋愛が中心の作品ですが、同時に天体物理学にも焦点をあてなければならず、たくさん準備しました。天体物理学の学生で、私のまったく知らないことを話す役。インターネットで論文、本の引用など多くの資料を読み、自分が話すことを理解しようとしました。」

　トルナーレ監督作品への出演は初めて。監督を「とても直感の強い人」とみる。

「すべての監督には違いがあります。トルナーレ監督についてとても興味深かったのは、脚本やセリフにとても忠実なことでした。脚本に描かれているすべての言葉がとても重要。その方向性に従うのが大事でした。監督はとても直感が強く、同時に人間の心理を完ぺきに理解していました。」

　愛する人からメッセージが届き続けるのに、本人は目の前にいない。失われたものへの愛情は成立するのか。薄れゆく記憶とどう向き合えばいいか。キュリレンコは「監督は二つとない物語を考え出した」と言う。

「独特で、そして最も重要なことですがよく練られています。脚本を読んでとても驚きました。話の前提は気が利いていて観る人を引き付ける。主題は興味深い。死の数百万年後、私たちに見える星の一生が対応している点が、とても気に入りました。私は真実の愛は永遠だと強く信じています」（http://eiganomori.net/article/442136146.html より）

Elena
Lyadova

エレナ・リャドワ

1980 年 12 月 25 日、ソ連ロシア
共和国タムボフ - オブラスト、モ
ルシャンスクに生まれる。国籍は
ロシア。

主な出演映画

『ELENA』
『Orlean』
『Dovlatov』
『Frontier』

KINO

KINO

Height
165

Weight
55

Measurements
86-66-89

Bra size
75B

Eye color
Grey

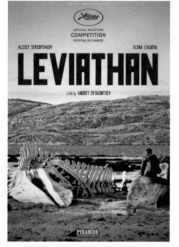

28

裁かれるのは
善人のみ

原題 LEVIATHAN
監督 Andrey Zvyagintsev
（アンドレイ・ズビャギンツェフ、
1964 年生）
2014 年、ロシア映画

83:02　神よ、沈黙しないでください。黙していないでください。
　　　　静まっていないでください。
83:03　御覧ください、敵が騒ぎ立っています。
　　　　あなたを憎む者は頭を上げています。
83:04　あなたの民に対して巧みな謀をめぐらし
　　　　あなたの秘蔵の民に対して共謀しています。
83:05　彼らは言います「あの民を国々の間から断とう。
　　　　イスラエルの名が再び思い起こされることのないようと。
83:06　彼らは心をひとつにして謀り
　　　　あなたに逆らって、同盟を結んでいます。　　　　（詩篇）

　レヴィアタンとは旧約聖書の『詩編』『イザヤ書』『ヨブ記』に登場
する海中の怪物である。『ヨブ記』では、レヴィアタンはその巨大さ
ゆえ海を泳ぐときには荒れ狂う荒波となり、口から炎を、鼻から煙を
噴き出す。口には鋭利で巨大な歯があり体全体は鎧のような鱗がある。
性格は凶暴そのもので冷酷無情である。トマス・ホッブスはこれを肯
定的な意味で＜コモン・ウエルス＞の意味に用いたが、映画では＜現

代ロシア社会＞のどうしようもない病理と閉塞感として描いている。『父、帰る』によりベネチア金獅子賞の栄誉に輝いたロシアの新進気鋭のアンドレイ・ズビャギンツェフ監督の作品であり第72回ゴールデングローブ賞外国映画部門、第67回カンヌ国際映画祭 脚本賞に輝いた。さらに BBC の批評家による 2016 年に於ける 2000 年以来の Great Film の 47 位に選ばれた。

　ソ連は約 75 年間、共産党が支配し、1991 年に崩壊するまで、まさにイデオロギーによる共産党特権階級が権力を恣（ほしいまま）にした。その後遺症はいくら新生ロシアといってもその巨大な組織と特権階級を、欧米的な競争主義的資本主義国家に変える事はできずに現在に至っている。

　一方支配される側も 75 年間イエスマンとして言論や経済の自由活動から疎外された教育が DNA として染み付くまでになっている。結局かつての権力者はイデオロギーというある意味での＜共産主義にある理想的倫理観＞のプロパガンダですら消え去り、それに代わり＜露骨な権力と金の亡者＞による価値観こそがレヴィアタンとしてロシア社会を蹂躙するに至ったのである。さらにロシア正教会は国民の不満の懐柔の権力の手先としての存在でしかなくなった。教会のみならず司法・警察すべてがこのレヴィアタンの歯車として、一切の正義を打ち砕く悪の組織と化してしまったのだ。

　映画は旧約聖書列王紀上２１章のナボテのぶどう畑を巡りアハブ王にけしかけるイザベル王妃の陰謀を＜権力が一般人の土地所有に対して権力濫用＞を行うという筋書きを連想させる。北極海の一部であるバレンツ海沿岸の寒村で自動車修理工場を営みながら、一族が代々暮らしてきた家で妻子と暮らす主人公。再開発のため、土地買収を画策する悪徳市長による強行策に、コーリャは旧友の弁護士をモスクワから呼び寄せ、権力に対抗するのだが空しく敗退する。

　さらに家庭内に後妻と子供との間に感情的もつれがあり、妻の疎外

感が出来心の弁護士との不倫により家庭まで崩壊寸前となる。怒り心頭の主人公と子供、それでも主人公は妻を＜赦す＞ことにするのだが、妻は自殺してしまう。さらにレヴィアタンは妻の自殺を殺人とし、彼を冤罪で15年の刑に処すのだ。破れかぶれの状況で、子供を引き取る友人夫妻だけが唯一の隣人愛としての救いだ。

　この悲劇の主人公は妻の自殺後、主教に「神はどこにいるのか？」と尋ねるが、「教会にも行かず懺悔もしないではないか」と一蹴される。＜神の沈黙＞についてキリスト教が常套手段として逃げる御都合主義といえるヨブ記のヨブを引用するのだった。信心深いヨブが不条理な事態においても、外部の雑音も撥ね除けひたすら信心を続け、その後幸福が訪れたと語る。

　そんなお伽話があるかと怒る主人公、それはお伽話ではなく聖書だと答える主教！教会のミサで権力に癒着した主教が奏でる空々しい聖書朗読、空しく響くだけである。『神は真実に宿る。真実に生きれば神はその人に宿ります。』そこには子供連れで参列した悪徳市長の姿があった。キリスト教の宗教としての偽善と欺瞞への怒りの圧巻ラスト・シーンといえる。

　僕はこの映画を見てまず黒沢明の『悪い奴ほどよく眠る』そして松本清張の暗黒社会劇を連想した。妻が自殺する断崖絶壁はまるで、あの能登の自殺名所を思い出させる。この映画は僕は2015年だったかパリの映画館で見た。日本の公開はその2年後だったか？

　この映画で抜群の美しさをを披露するのは自殺する悲劇の後妻リリアに扮するエレナ・リャドワだ。救いのない物語の中であまりにも哀れで美しい。

「近代演劇の写真主義を気づき上げたコンスタンテン・スタニフラフスキーは、俳優が何かを演じようと試みているときはOKはせず、その演技が俳優の真実の姿だと信じられた時には「信じる」と言ったそうだ。彼と同じように、私はより完ぺきな形で、登場人物と俳優が同化することを求めているのだ。」〜スビャギンツェフ

Natalie Portman

ナタリー・ポートマン

1981 年 6 月 9 日、イスラエル・エルサレムに生まれる。
国籍はイスラエルと米国の二重国籍（ユダヤ系）。
ハーバード大学とイェール大学に現役合格。1999 年にハーバードへ進学しローウェル・ハウスに入寮する。心理学を専攻し、心理学研究所ではアラン・ダーショヴィッツのアシスタントも務めた。2003 年に卒業。2004 年春にはヘブライ大学大学院にて中東問題の研究に参加。2006 年にはコロンビア大学にてテロリズムと対テロ作戦について、ゲストとして講義を行った。2018 年、ユダヤ人のノーベル賞とも呼ばれるジェネシス賞 (Genesis Awards) の受賞式出席を辞退し、主催団体に「最近のイスラエルの出来事に苦しみを感じている」「イスラエルの公的行事に参加するのは不快」と伝えた。
『クローサー』（2004 年）にゴールデングローブ賞助演女優賞、『ブラック・スワン』（2010 年）アカデミー主演女優賞、ゴールデングローブ賞主演女優賞。

主な出演映画

『レオン』
『スター・ウォーズ』シリーズ
『クローサー』
『V フォー・ヴェンデッタ』
『ブーリン家の姉妹』
『ブラック・スワン』
『抱きたいカンケイ』
『マイティ・ソー』シリーズ
『ジャッキー / ファーストレディ 最後の使命』
『アナイアレイション - 全滅領域 -』

Height	Weight	Measurements	Bra size	Eye color
160	50	86-63-86	70B	Light Brown

29

プラネタリウム

原題 Planetarium
監督 Rebecca Żłotowski
（レベッカ・ズロトヴスキ 1980 年生）
2016 年、フランス・ベルギー映画

降霊術（こうれいじゅつ）は、
占いの目的のために亡者の霊を呼び寄せようと
する魔術の形態である。

　ナタリー・ポートマンが出る映画はほとんど見てしまう。それにジョニー・デップの妖怪な娘リリー＝ローズ・メロディ・デップがやや病的な役割を演じる。

　死んだ人間と生きている人間を交信させる降霊術というオカルトを扱った映画だ。監督は美貌のポーランドのユダヤ人出身のレベッカ・ズロトヴスキ監督で物語も、ポートマンとデップの姉妹、それに映画界のボスもユダヤ人として設定、ナチスのフランス侵略前のパリの出来事を一見難解な形で描く。

　まさに科学の発展前の人類は神を求め聖霊なるものを信じた。そして信じさせるためにインチキ・オカルト業が始まるパターンを 2 世紀中頃の話としたもの。

　監督には＜あらま欲しけれの聖霊＞への徹底的侮蔑があり、それとともに逆説的に人間社会は全て嘘と虚構であり、人間とはそれに踊らされていうだけとのパロディとして描いたものではないだろうか。まさに女流監督らしい感性と独特のいやらしさが散りばめられ芸術作品

に仕上げている。

　ローマのコンスタンティヌスは、312年のミルウィウス橋の戦いに向かう行軍中に太陽の前に逆十字とギリシア文字ＸとＰ（ギリシア語で「キリスト」の先頭2文字）が浮かび、並んで「この印と共にあれば勝てる」と妄想・幻覚事件を起こした。さらにこれを悪用して悪逆の限りのキリスト教公認し異教徒を虐殺しまくったコンスタンチヌス帝まさにオカルト降霊術の典型的事件と言える。それが人類をそれ以来虐殺と非寛容で悪の歴史を作り上げたのがキリスト教だ！

　この映画を見てミーちゃんハーちゃんが＜わあっ！　聖霊だ！　私もそんな死者との交信したことがあるのよ！＞と馬鹿騒ぎする妄想と幻覚が存在するのだ。

　人間の弱さを徹底的に利用しているのが古今東西、＜宗教という悪徳業者＞なのだ。それはキリスト教にとどまらないものであることをこの映画で学ばねばならない。旧約聖書のまさにインチキ降霊術を駆使した＜預言者＞とやら、こんな物語を真顔で勉強している連中が可笑しくなるのは、僕だけではないだろう。何故って、聖書学を学んでいる連中は、そんなインチキが一切理解できないように僕には見えたのだ。ちなみに僕は某大学の神学部修士課程を修了している。

　そしてこの降霊術を、映画界を救うためにでっち上げたこのユダヤ人の狡猾な映画界のボス、まさに周辺にはまともな人間がいて徹底的合理性からこれらのオカルトを破壊する痛快さを感じるのが僕の解釈だ！　まあオカルトを経済的政治的に利用するのは未だに21世紀にはびこる、まさに最悪の＜宗教という綺麗事に隠れた悪徳＞を理解してもらいたいものだ！

　映画は『ブラック・スワン』などのナタリー・ポートマンと、ジョニー・デップとヴァネッサ・パラディの娘リリー＝ローズ・メロディ・デップが姉妹を演じている。パリを舞台に、死者と交信できる美貌のアメリカ人姉妹が次第にショービジネス界に染まっていく様子を見事な映像で描写する。メガホンを取るのは、『美しき棘』『グランド・セント

ラル』などのレベッカ・ズロトヴスキ監督。『サンローラン』などのルイ・ガレル、『三重スパイ』などのエマニュエル・サランジェらも共演している。

　さて実在したと言われ、この映画のモデルと言われるのがフォックス姉妹だ。ネット上から拾うとこういうことらしい。とにかくこのスピリチュアリズムはインチキであるとは明確だ。：

　フォックス姉妹（とは、霊と交流できると告白したことで一大交霊ブームを引き起こし、近代スピリチュアリズムのきっかけを作ったとされる19世紀アメリカの姉妹である。アメリカ人家族、フォックス家の3人姉妹のうち、次女・マーガレット・フォックス（Margaret Fox、1838年‐1893年）と、三女・キャサリーン・フォックス（Catherine Fox、1841年‐1892年、愛称は、ケイト、ケティー）の二人を指す。（二人の生年には別の記述もあり。英語版では、マーガレットの生年は1836年。）

　彼女らは後に、超常現象・心霊現象の一つとされる、ラップ現象を起こす事が可能な、言い方を変えるなら、死者の霊といわれる目に見えない存在と、音を介して対話や交信できる霊媒師（霊能者）として有名になり、その事が一大センセーションを巻き起こした。

　また、その現象に対して、当時のマスコミ関係者や大学の研究者を巻き込んでの、騒動や論議となったことでも有名となった。また、この発端となった出来事は、一家の住んでいた村の名をとって、ハイズビル事件とも、研究者の多くの間では呼ばれている。

　この出来事がきっかけとなり、19世紀後半から20世紀初頭にかけて顕著になった、交霊会や心霊主義による心霊現象研究が盛んとなった。特に、アメリカやイギリスでこういった研究やイベントが盛んとなり、ヨーロッパ各国や日本にも、研究目的、好奇問わずに広まってゆくこととなる。

Kirsten Dunst

キルスティン・ダンスト

1982 年 4 月 30 日、米国ニュージャージー州ポイントプレザントに生まれる。
国籍は米国。
『メランコリア』（2014 年）カンヌ国際映画祭女優賞。

主な出演映画

『インタビュー・ウィズ・ヴァンパイア』
『ジュマンジ』
『チアーズ！』
『ヴァージン・スーサイズ』
『スパイダーマン』シリーズ
『エターナル・サンシャイン』
『マリー・アントワネット』
『メランコリア』
『ドリーム』

テレビドラマ
『FARGO/ ファーゴ』

Height	Weight	Measurements	Bra size	Eye color
170	54	89-61-89	70C	lue

メランコリア

原題 Melancholia
監督 Lars von Trier （ラース・フォン・
トリアー、1956 年生）
2011 年、デンマーク映画

> メランコリア（鬱病）で鬱状態にある人間は、最悪の危機の中で意外に元気に振る舞える。
> 鬱病なしに僕の芸術は生まれない。
>
> フォン・トリアー

　デンマーク鬼才・天才監督、ラース・フォン・トリアーは 2000 年『ダンサー・イン・ザ・ダーク』で最高賞パルムドールを受賞、カンヌ映画祭コンペティション入りは本作で 9 作目となるカンヌの主だ。

　とにかく飛行機恐怖症で大西洋を渡れないハンディがあり、本件も舞台はアメリカ東海岸のはずが、北欧のどこかがロケーションだ。偽善と欺瞞が皆無の人柄だから、言葉狩の世界では、揚げ足を取られ酷い目にあう。＜ヒトラーだって良いこともやった＞など、現代の異常なポリコレの中で叩きまくられる宿命もある。そのエキセントリックな言動はともかく、独特の映像感覚と、人間の奥底にある暗部を直感で理解できる、さらに理解させる技は稀有である。この本でシャルロット・ゲンズブールの『ニンフォマニアック』を作品として並べ、二つの作品について論評することになるが、それに値する偉大な現代の監督の一人だ。

◀ © Movie Images

『メランコリア』は冒頭から強烈である。惑星メランコリアが地球に衝突する直前の終末を描いたこの映画。それに気がつく直前の結婚式、素晴らしい効果がテーマ音楽のワグナーの『トリスタンとイゾルデ』死の美学のメロディが延々と奏でられる。

　鳥たちが空中からばたばたと落下し、馬がスローモーションで倒れる。まさに終末論の世界、監督は言う。躁鬱病で鬱状態にある人間は、最悪の危機の中で意外に元気に振る舞える。ダメなのは躁の状態にある人間は、まさにこの状態には耐えることができない。それを姉妹のうち姉のゲンスブールは躁、妹のダンストは鬱でそれぞれの行動パターンを描写するのだ。

　巨大な惑星 " メランコリア " が時速 10 万 km のスピードで地球に接近する世界の＜終末＞が、ある姉妹とその家族の日常を通して描かれる。" メランコリア " という単語には " 鬱病 " という意味もある。実はトリアー監督は自身も数年来うつ病に悩まされていることを告白、そしてメランコリーなしでは彼の芸術は生まれないとも極論しているのだ。『メランコリア』は第一部「JUSTINE」と第二部「CLAIRE」の二部構成。キルスティン・ダンスト扮する妹が JUSTINE とシャルロット・ゲンスブール扮する姉が CLAIRE である。

　第一部は、JUSTINE の結婚式だ。とにかく上司とも披露宴の席でで罵り合い、新郎と引き上げて部屋で・・と思うや気が変わり大げんかになるまさに我儘そのもの。そしてそれが結婚式離婚、挙げ句の果ては式場のゴルフ場のバンカーに若僧を引きずり込みその名の通りの＜バンカー・ショット＞、もうメチャクチャな結婚式、新郎は怒って場を引き上げる。

　そんな風に二人の姉妹の躁鬱を対照的に描きながら、最後の地球との衝突までを、『トリスタンとイゾルデ』のサントラがど迫力を持って描くこの映画、こんな映画は見たこともない聞いたこともない、でも素晴らしい芸術性と説得力を持って観客にグイグイ迫ってくる、フォン・トリアが流石の天才である所以だ。

この映画では主演女優賞もキルスティン・ダンスとの渾身の演技で
カンヌ映画祭の主演女優賞を獲得、姉役のシャルロット・ゲンスブール
もトリアー監督の前作『アンチクライスト』（2009）で女優賞を受
賞している。

　さてキルスティン・ダンストといえば、僕が知ったのは『マリー・
アントワネット』でありソフィア・コッポラの監督作品だ。元々『ヴァー
ジン・スーサイズ』の主演であるキルスティン・ダンストを再び主演
に迎えてマリー・アントワネットを描いた伝記映画だった。原作は英
国の歴史作家アントニア・フレーザーの同名著書で、撮影はフランス
のヴェルサイユ宮殿で、3ヶ月にわたり行われた。

　第59回カンヌ国際映画祭に出品したが、プレス試写ではブーイン
グが起こった。また、フランスのマリー・アントワネット協会の会長
も「この映画のせいで、アントワネットのイメージを改善しようとし
てきた我々の努力が水の泡だ」とコメントし本作を非難している。

　ただし、本作は伝記映画というよりはマリー・アントワネットを一
人の少女として描いた青春映画の側面があり、必ずしも史実を忠実に
再現する事を意図して製作された作品ではないと僕も考える（上述の
批判に対しても主演のダンストが「歴史的事実というよりも歴史的な
感覚の映画。マリー・アントワネットの教育用伝記映画を期待しない
でほしい」とコメントしている）。

　まあ僕に言わすれば、アメリカのど成金の田舎っぺがパリのブルボ
ン王朝に嫁入りしたような印象を映画で持ったのは事実だが、ソフィ
ア・コッポラを非難する気は毛頭ない。ソフィアは前作の『ロスト・
イン・トランスレーション』で素晴らしい作品を作った。でもこの作
品で第79回アカデミー賞にて衣装デザイン賞を受賞した（受賞者：
ミレーナ・カノネロ）のも事実だ。

Joanna
Kulig

ヨアンナ・クーリク

1982 年 6 月 24 日、ポーランド・
クリニツァに生まれる。
2000 年にミェチスワフ・カル
ウォーヴィチ州立音楽学校に通う。
2007 年にクリニツァ＝ズドルイの
フレデリック・ショパン州立音楽
学校（ピアノクラス）とクラクフ
AST 国立アカデミー・オブ・シア
ター・アーツを卒業した。

主な出演映画

『イーダ』
『マルティニークからの祈り』
『夜明けの祈り』

Height	Weight	Measurements	Bra size	Eye color
160	51	84-61-84	70B	Brown

31

**COLD WAR
BANDE-ANNONCE**

COLD WAR
あの歌、2つの心

原題 Zimna wojna
監督 Pawel Pawlikowski
（パヴェウ・パヴリコフスキ、1957 年生）
2018 年、ポ仏英合作映画

物事は何でもゆっくりと、しかも間違って行われていくものだから、人は、誇りを感じ始めるような機会など、実は得られるものではない。人は悲しみ、困惑するのみ

Everything should take place slowly and incorrectly so that man doesn't get a chance to start feeling proud, so that man is sad and perplexed

ヴェネディクト・エロフェーエフ

　監督のパヴェウ・パヴリコフスキ（Pawel Pawlikowski, 1957 年生まれ）はポーランドの映画監督である。2013 年、修道院の少女を主人公とした映画、『イーダ』を制作。トロント国際映画祭で上映され、アメリカ合衆国やヨーロッパで高い評価を受け、第 87 回アカデミー賞でアカデミー外国語映画賞を受賞。その他、ヨーロッパや世界中の映画賞を獲得し、名声を不動のものにした。この映画第 71 回カンヌ国際映画祭では、パルム・ドールを競い、監督賞を受賞した。

　共産主義国だったポーランドのワルシャワ出身で、父親は陸軍軍医、母親は英文学の講師をしていたが、14 歳の頃、母と共にイギリスに

移住、その後はドイツに渡った。

　その後、オックスフォード大学に進学し、文学と哲学を専攻した。1980年代に入り、イギリスでドキュメンタリー番組を製作していく中で、旧ソ連の反体制派のヴェネディクト・エロフェーエフ（1938～1990）を題材にした作品で世界でも高い評価を得ていく。エロフェーエフについて＜脱線＞することが映画理解につながると思う。

　生誕八十年を迎えるヴェネディクト・エロフェーエフはソ連末期の世相の本質をとらえた小説『モスクワからペトゥシキまで』で有名であるが「ペトゥシキ」は、モスクワから東方に向かう郊外電車の終点だった。

　彼は、社会のあちこちから放逐されたアウトサイダーで、反抗者であり、過度の飲酒に身をゆだね、51歳の若さで喉頭癌で亡くなった。エロフェーエフ自身は、いわば確信犯的自己破滅者であり、特に反政府運動することもなく、それ以上のことをやる気など全くなかった。

　それでいて悲しみを表現することはあったが、決して絶望の念は漏らさず、「私は自分を『失われた』人間と考えたことはない。それはあまりに退屈で古臭いだろう」と語っていた。

　彼は、この映画の主人公の男性あるいは女性には、何かエロフェーエフに通じる人生への肯定感が感じられる。悲惨な共産主義下のポーランドから、それぞれ、パリに脱出したが、付帯の恋は悲恋に終わる。女性は感情の行き違いから、男性を残し暗い束縛の体制下ワルシャワに戻る。男性もそれを追いかけて、というよりハンガリーにて外国公演で舞踏に出演するという女性と会うためにパリから出向くが、秘密警察の罠にかかりワルシャワに強制送還される。

　しかし、そこに後悔というものがない。むしろ体制下の束縛があっても、女性への愛のために戻り、秘密警察の拷問によりピアニストの生命である手指を打ち砕かれに反逆罪で15年間にて監獄に暮らすことになっても、なお『人生は美しい』と感じることができるのだ。

　映画の粗筋の一部で読者は雰囲気を掴めるであろう。

この監督は、最近では、2013 年、修道院の少女を主人公とした映画、『イーダ』を制作。60 年代初頭のポーランドを背景とし同じくモノクロによるクラシックな映像美で叙情的に描いた。

　孤児として修道院で育った少女アンナは、自分が捨てられた謎、自身の出生の秘密を知るため、旅に出る。俗世で初めて知った男性との甘美な性体験、棄教してしまうアンチ・カトリック映画として捉えた。しかし、世界的に高い評価を受け、第 87 回アカデミー賞でアカデミー外国語映画賞を受賞した。

　この映画も、感性豊かな映像はまたこの結末の暗くも美しい映写さらに、マルチン・マセッキの、ポーランドの伝統ある旋律による、哀しさと希望の美しさが、破壊されたカトリック教会の跡地での、心中死による永遠の愛への余韻を残すフィナーレのなんと美しいことか。

　最後に監督の言葉。

「私はカトリックという磁界の出身だ。私の母の家族により洗礼を受けさせられた。まさにカトリックの伝統的一族だからだ。でも母は 17 歳の時点でバレエへの逃避した（カトリックを捨てて）。」

I come from a magnetic field of Catholicism. I was baptised by my mother's family, who were all traditional Catholics. But my mother was the black sheep of the family - she ran away to the ballet at 17.

「私は誰かがオリジナリティのあることをする場合とても幸せだ。そこにはフォーカス・グループもないし計画委員会もない場合だ。もし映画が偶にはそんな注入（オリジナリティのあるもの）が無ければ、我々は困ったことになる。」

I'm so happy when someone does something original, and 'm so happy when someone does something original, and there's no focus group or planning committee. If the cinema doesn't get an injection of that once in a while, we're in trouble.

（エロフェーエフに関しての記述は <Russia Beyond> オレグ・エゴロフ氏の RUSSIA BEYOND 2018.10.24 の解説を参考・引用した。）

Mélanie
Laurent

メラニー・ロラン

1983 年 2 月 21 日、
フランス パリに生まれる。
国籍はフランス（ユダヤ系）。
女優、映画監督、歌手、
モデルをこなす。
著名な家族は
ピエール・ロラン（父）。

主な出演映画

『マイ・ファミリー 遠い絆』
『イングロリアス・バスターズ』
『オーケストラ!』
『黄色い星の子供たち 』
『グランド・イリュージョン』
『リスボンに誘われて』
『英雄は嘘がお好き』
『リトル・アメリカ』
主な監督作品
『欲望に溺れて』兼脚本
『ガルヴェストン』

Height	Weight	Measurements	Bra size	Eye color
157	49	91-63-89	70B	Green

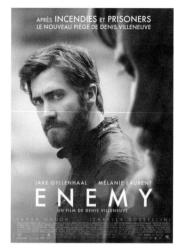

32

複製された男

原題 Enemy
監督 Denis Villeneuve
（ドゥニ・ヴィルヌーヴ、1967年生）
2014年、カナダ映画

Aisa Nobu
ku Yama

支配（コントロール）。
支配が全てだ。
映画の中でのアダムの言葉

　歴史講師のアダムは古代ローマの話をしているのだが、これは結局自分自身の性欲（のコントロール）の話をしているのだ。共産党員で無神論者のノーベル文学賞を受賞したポルトガル出身のジョゼ・サラマーゴの小説をベースとした物語。監督は『灼熱の魂』『プリズナーズ』などのドゥニ・ヴィルヌーヴ。配役には『ブロークバック・マウンテン』などのジェイク・ギレンホール、『イングロリアス・バスターズ』で魅力発散のメラニー・ロランが出ている。

　ある日、なにげなく鑑賞した映画の中に自分と瓜二つの俳優が演じているのを発見した大学の歴史講師アダムは興味を持ち、その俳優アンソニーの居場所を突き止める。その後、2人は顔、声、生年月日などすべてが一致することを知ったうえ、やがてアダムの恋人メアリー、アンソニーの妻ヘレンまでも巻き込んだ上、想像を絶する地獄絵の如

き状態に陥るのだ。

　メアリーに扮するメラニー・ロランは憂いのある、なんともいえない知性と品格があり、その上男を燃えさせるようなセクシーさでもあるのだ。この映画ではアダムのセックス・フレンドに扮し、そのあられもない痴態演技は彼女のインテリ風からは想像できない。一方複製男はヤクザな三流俳優で六ヶ月の腹を持つ妻ヘレン（サラ・ガドン扮する）と暮らしている。

　要は二人の男はクローン人間である。（というか本物の人間とそのクローンというのが正確か？）そのクローン人間がお互い立場を変えてそれぞれの妻と愛人を相手にしたらどうなるか？　その悲劇を描いている。音楽が暗く、とにかくただならぬ不吉さと不穏さ幻想的な雰囲気に包まれたこの映画は良く仕上がっている。

　クローン人間が将来人間にも出来たとして、例えば生まれの環境や教育が異なったら、この映画ほど瓜二つはあり得ないだろう。人間はパソコンのように同期化シンクロナイズできるわけがないのだから、その点の無理はあるが、結局瓜二つの人間が愛人にばれてしまうのは結婚指輪の痕跡が決め手になるのがこの映画だ。しかしそれがなくとも性技など、相手の女性によって学び進化するテクニックなど、生まれや教育が異なれば、それぞれ時系列の上でそれぞれ特有であるはずで、絶対にそこの時点でばれるはずなので、かなり無理のあるストーリーではある。

　しかしこの映画は色々深読みできる。共産主義者の作家は何を言いたいのだろうか？人間なんて全く変わらない、生まれながらに平等だ。それを隔てるものは＜指輪＞に象徴される社会制度の仕組みの前提だと言いたいのか？　無神論者として性の讃歌を叫ぶ共産主義者であれば、性の極限こそ人間の最高の歓びということになるからだ。それが＜指輪＞という社会制度によってずたずたに破壊されそして悲劇になるというのだから……。

　さて Filmaga なるネットのサイト https://filmaga.filmarks.com/

articles/2065/ を一部抜粋すると：

　『複製された男』では、蜘蛛が重要なモチーフとして登場する。秘密クラブで金髪美女がハイヒールで踏みつぶそうとする蜘蛛。蜘蛛の顔をした女。街を練り歩く巨大な蜘蛛…。

　六本木ヒルズにある巨大な蜘蛛のオブジェはフランス出身の芸術家ルイーズ・ブルジョワ（1911 年～ 2010 年）による作品で、六本木以外にもオタワのカナダ国立美術館、ニューヨークのグッゲンハイム美術館、ロンドンのテート・モダンなど、世界中に 9 箇所設置されているという。

　この巨大な蜘蛛のオブジェの名前は " ママン "（＝母親）。ルイーズは幼少時に、両親と父親の愛人が一緒に暮らすという異常な状況を体験している。彼女にとって母親とは、父親の傲慢な振る舞いを耐え忍ぶ哀しい存在だったことは容易に想像される。

　『複製された男』における蜘蛛もまた、" ママン " 的な象徴として考えると、それは自分の性的欲望を抑えつける抑圧の象徴としての母（もしくは妻）となる。

　「アダムが部屋の片隅に巨大な蜘蛛を発見する」という意味不明でのラストシーンはこうと考えられるのではないか？　それは秘密クラブのカギを発見して、アダムの浮気願望を察知した妻ヘレンの姿。だからこそアダムは自分の過ちに気づいたかのような表情を浮かべるのだ。

　ちなみにアンソニーとメアリーが自動車事故を起こすシーンがあるが、これは妻の愛情にほだされたアダムが、自分の欲望（メアリーとの浮気）に終止符を打とうとする脳内映像（妄想）である、と推察とされる。事故を起こした車のフロントガラスのヒビが、蜘蛛の巣状になっていることに注意！ それは事故ること（浮気を止めること）で、あえて自らママン（＝妻）の巣の中に入り込もうとする行為だったのではないか？

Scarlett
Johansson

スカーレット・ヨハンソン

1984 年 11 月 22 日、米国・ニューヨークに生まれる。国籍はデンマーク。

主な出演映画

『ゴーストワールド』
『ロスト・イン・トランスレーション』
『真珠の耳飾りの少女』
『マッチポイント』
『プレステージ』
『それでも恋するバルセロナ』
『アイアンマン 2』
『アベンジャーズ』シリーズ
『her/ 世界でひとつの彼女』
『アンダー・ザ・スキン 種の捕食』
『キャプテン・アメリカ』シリーズ
『LUCY/ ルーシー』
『マリッジ・ストーリー』

Height	Weight	Measurements	Bra size	Eye color
160	57	91-66-91	70D	Green

33

ジョジョ・ラビット

原題
監督 Taika Waititi
（タイカ・ワイティティー1975年生）
2019年、アメリカ映画

母と少年の会話：「一番強いのはミサイルだ。次がダイナマイトで3番が筋肉。愛なんて見ても分からない」と反抗するジョジョに対して、まだ靴紐すら自分で結べない若干10歳の少年であり、ロージーは「愛は目に見えなくても分かるわ。感じるの、痛いの。お腹の中で蝶が飛び回る感じ」と靴紐を結びながら答える。

映画の一場面より

　ナチスにドイツが一丸となってあの欧州にて、もっとも優秀と言われるゲルマン民族が魔法にかけられたようにナチスを民主主義的に選んだ歴史が20世紀の一つの最大の禍根を残したのも事実だ。（実際実質ナチスより最悪は実はスターリンや毛沢東の自国民ジェノサイドの歴史だが、どういうわけかヒトラーだけが20世紀の最悪の極悪人になっているのも違和感があるのも事実だが……）
　要するに問題は人間の弱さにある、＜偶像崇拝＞である。まさにオールマイティのものを人間が作り上げit にひれ伏す哀れな人間の姿を

この映画で表現したのなら僕はある意味で評価するが、監督は単なるユダヤ人の復讐心だから、僕のような監督の意図とは別に、この映画をこういう観点から見たらと提案したいのだ。

　偶像崇拝は旧約聖書の時代からモーゼ自身が虐殺の下手人になっているが、この手の同じ一神教である三つの宗教自身が偶像崇拝であるのが特色だ。この三宗教は＜偶像崇拝＞と言われるのを蛇蝎のように嫌い、偉大な人間の遺跡を破壊しまくったのが歴史の事実だが、しかしこれこそ滑稽極まりないことが、理解できない。この人たちの神崇拝こそ偶像崇拝であることに気がつかないのだ。

　キリスト教も他の宗教と変わらずイエス・キリストを人間に化した神として人間界に登場させ、三位一体というわけの分からない難解な概念を生んだ。僕は神学修士号を持っているが、悪いがこの三位一体というまさに言葉の遊びの理解は未だにない。

　よくも、キリストの死の後教父とやらが延々と詭弁を並べたて、たまたま権力に近いキリスト教の宗派とか門下が、解釈に影響を与えたので、まさに一種の時代の＜弾み＞で解釈ができたと僕は言いたいのだ）。

　ドグマにより、神とイエス・キリストと聖霊を一体として神とした。つまり偶像なるイエスを作らないと人間界を支配できないという狡猾を極める＜教会＞のトリックなのだ。

　イエスそのものが偶像であり、ヒトラー、毛沢東、スターリンと何の違いもない人間が作ったまさに独裁者へのひれ伏しを強制するものだ。だからキリスト教など本質的にこれらと何の変わりもないことがわからない人たちの考えなど、神学を極めた筈の僕には、未だに理解できないのだ！

　つまり人間はすぐに偶像に騙される。宗教しかり政治独裁者しかり、まさに少年から騙され激情する人間の狂気はここにあるのだ！

　ユダヤ人の哲学者であるハンナ・アレントはヒトラー親衛隊のアイ

ヒマン裁判を傍聴して下記の通り述べた。

　～アーレントはアイヒマンを単なる＜平凡な男＞＜役人気質＞＜輸
送のスペッシャリスト＞として、アイヒマンが抗弁するように＜上司
の命令に忠実に従ったもので、単なる命令の遂行者＞の立場を見て、
ナチスの悪魔のような深みのある悪ではないと見た。
　まさに banality of evil（陳腐な悪）であり、現代社会で最も恐ろし
いのは＜思考停止＞それは＜人間の善悪の倫理観に立ち戻ることをし
ない人間の恐ろしさ＞だとした。～
　まさにアーレントは鋭く、人間の本質のこの偶像崇拝をアイヒマン
を通じて見通していたのだ！
　人間の狂気は、実はこの平凡な悪であり、僕たち人類の全体が、こ
のような偶像崇拝に理性や知性を抜きにして溺愛してしまうことが恐
ろしいのである。
　この映画を僕なりに良く解釈すると、最後の場面でヒトラー・ユー
ゲントやゲシュタポがベルリン陥落により全員アメリカ軍に逮捕さ
れ、少年も巻き添いで連行される。その時少年を指導したヒトラー・
ユーゲント教官のサム・ロックウエル（『スリー・ビルボード』でア
カデミー賞助演男優賞受賞）が扮するアイヒマンのような SS が少年
への思いやりで少年を解放してもらうべく一芝居する。

　凡庸な人間は悪にも走るが、決して最後のところで人間としての
＜愛＞も存在していることを語っている。このユダヤ人監督が僕の理
解ほど深い演出をしているとは思えないが、僕は、最後の場面をそう
解釈したのだ。
　さてこの映画は人気女優スカーレット・ヨハンセンが出演し少年の
母親を演じている。そんなに影が濃い役柄ではないがどういうわけか
アカデミー賞助演女優賞にノミネートされたが逸した。
　彼女は東欧アシュケナジー系のユダヤ人だが無神論者である。

Adriana
Sofía Ugarte

アドリアーナ・ウガルテ

1985 年 1 月 17 日、スペイン・マ
ドリッドに生まれる。国籍　スペ
イン

主な出演映画

『砂の上の恋人たち』
『ワイルド・ルーザー』
『ヤシの木に降る雪』

テレビ
『情熱のシーラ』

Height	Weight	Measurements	Bra size	Eye color
163	55	86-68-86	70B	Dark Brown

34

ジュリエッタ

原題 JULIETA
監督 Pedro Almodóvar
（ペドロ・アルモドバル　1949 年生）
2016 年、スペイン映画

最愛の娘がスイスにある宗教的カルト集団に取られてしまう。そんな 30 代のジュリエッタが、スイスの山奥に、娘を迎えに行ったとき、彼女は黙って、すでにどこかへ消えてしまっていた。

　『情熱のシーラ』（原題：El tiempo entre costuras）は、スペインのテレビドラマシリーズがあった。僕は DVD 屋で借りて一気に楽しんだ。マリーア・ドゥエニャスのベストセラー小説『情熱のシーラ』（原題：El tiempo entre costuras) を原作とするドラマシリーズである。スペイン内戦、第二次世界大戦時のスペイン、モロッコ、そしてポルトガルを舞台とし、時代に翻弄されながらもたくましく生きた女性を描く。NHK 総合テレビジョンでは約 50 分全 17 話に編集されて放送されたと聞いた。

　このテレビドラマはの粗筋はネットによると：スペイン・マドリードに生まれた主人公シーラは母一人に育てられ、仕立て屋で修行して優れた洋裁技術を身につける。堅実な婚約者イグナシオがいながらも、

情熱的で奔放な男性ラミーロと恋に落ちる。別れていた裕福な父と初めて会い、財産を譲られる。スペイン内戦が迫る中、ラミーロと二人でスペインを離れモロッコに移住するが、ラミーロに財産を持ち逃げされ、借金を背負わされたうえに、内戦が始まってしまったためスペインに帰ることも出来なくなる。モロッコでは新しい友たちに支えられ、オートクチュールの店を開き懸命に生きる。イギリス人と親友となり、その縁でスペイン新政権と友好関係にあるナチス・ドイツに対するスパイ活動を依頼される。

　内戦が終結したばかりの祖国を第二次大戦に巻き込みたくないシーラは承諾し、名前を変えてマドリードに戻って店を開き、ナチス・ドイツの高官の妻たちを顧客として情報を集める。いやはや今年見た5指に入るこのペドロ・アルモドバル監督の作品。素晴らしいに尽きる。

　12年前、突然母親の元を去っていった一人娘　母親はちょうどマドリッドを恋人と去ってリスボンに住み着く予定だった。その日たまたま娘の無二の親友と路上で出会い、娘とスイスで遭遇したことを語る。心の傷としてずっと思い続けていた娘への愛、母親はリスボンをやめてマドリッドでかって娘と住んでいたアパートで娘よりのコンタクトを待つことにした。こんなテレビ・ドラマで僕が注目したのはシーラに扮するアドリアーナ・ウガルテの、今時これほど＜純朴でクラックな美しさをたたえた女性がこの世に存在するかと＞思ったほどの圧倒的魅力に翻弄されたのだ。

　さてそんなことがあって、このアルモドバルの映画『ジュリエッタ』の主演女優に抜擢されたと聞いたこれは絶対にと思って見たのがこの映画だ。まさにこの映画は＜死＞とか＜スペイン人の血の濃さ＞＜親子や恋人同士の熱いそして複雑な情念＞を描く、彼が描いて誰も描けない最高のアルモドバルの世界の映画である。映画ではジュリエッタは2人の女優がそれぞれの歳に応じて演技している。現在のジュリエッタをエマ・スアレスが、過去のジュリエッタをアドリアーナ・ウガルテが演技しているのである。苦悩の母親が突然変化するこの監督

のうまさには舌を巻いた。両者ともスペインの誇る最高の女優、それぞれ気品溢れるニア６０歳にもかかわらず現在の魅力、そして若き日の輝くようなオーラを漂わす絶世の美女、この世のものとも思えないスペインの美女とその肢体、後ろからガーンと頭を打たれたような悩殺の魅力だ！

　アパートで日記形式で続ける母親の娘への愛そして母親自身が二人の男を死に追いやったという心の痛手など、見事な見事な心理を描き、謎解きの大団円も含めてまさに鑑賞後満足感にふけったのだ。素晴らしい映画を見た満足感は最高だ！なんという画面の美しさそして情熱のカラーの服装の数々、まさにアルモドバルの真骨頂なのだ！

　2016 年４月８日にスペインで一般公開され、６月には第 69 回カンヌ国際映画祭のコンペティション部門でプレミア上映された。そこでは熱烈な反応を受け、フランスの批評家からも極めて肯定的な批評がなされた。『ル・モンド』紙は「とても純粋な悲しみを持つ美しい映画とした。『ラ・クロワ』紙は罪悪感という主題を歓迎し、本作を「美しく、強烈な映画」とした。『L'Express』はアルモドバルが本作とともに彼の仕事の頂点に戻ったとし、「この作品は常に瀬戸際にあり、決して自己の感情に圧倒されず、意図的な冷たさを持ち、禁欲的ですらある」とした。9月にはスペイン映画芸術科学アカデミー (AACCE) によって、第 89 回アカデミー賞外国語映画賞のスペイン代表作品に選ばれた。

「はい、女性は我々より強い。彼女らは問題に対峙するからこそ、彼女らは壮大に語れる。なぜ私が女性により興味があるか分からない。心理分析者のところにも行く気はないし、なぜかも知りたくない。」
Yes, women are stronger than us. They face more directly the problems that confront them, and for that reason they are much more spectacular to talk about. I don't know why I am more interested in women, because I don't go to any psychiatrists, and I don't want to know why.

Keira
Knightley

キーラ・ナイトレイ

1985 年 3 月 26 日、
英国ロンドンに生まれる。

主な出演映画

『ベッカムに恋して』
『ラブ・アクチュアリー』
『パイレーツ・オブ・カリビアン』
シリーズ
『プライドと偏見』
『つぐない』
『アンナ・カレーニナ』
『はじまりのうた』
『イミテーション・ゲーム / エニグ
マと天才数学者の秘密』

Height	Weight	Measurements	Bra size	Eye color
170	54	81-58-84	70A	Brown

35

わたしを
離さないで

原題 Never Let Me Go
監督 Mark Romanek
（マーク・ロマネク、1959 年生）
2010 年、英国映画

Risa Nobuku Yama

神をも畏れぬ遺伝子工学は
先端医療は人間の傲慢であり
それは人類破滅の道だ

　英国に帰化した長崎生まれのサー・カズオ・イシグロ（Sir Kazuo Ishiguro OBE FRSA FRSL、1954 年 11 月 8 日 - ）の 1989 年の長編小説『日の名残り』はイギリス最高の文学賞ブッカー賞を受賞した。そしてその映画も素晴らしい作品であった。石黒が描く世界は、例えば＜日の名残り＞においては、階級が固定化している英国貴族社会において＜執事＞という制約された、いわば貴族と雇われ人の関係のなかでの、気高い誇り高き人物像を描いた。それ以来僕は石黒の作品を高く評価してきた。その後 2017 年にノーベル文学賞を受賞した。

　映画はアレックス・ガーランドが脚本を執筆し、マーク・ロマネクが監督、キャリー・マリガン、アンドリュー・ガーフィールド、キーラ・ナイトレイが主演した。

2006 年の SF ともいえる近未来映画の原作は、人間としてきっちりと教養と品格を身に着け、育ったクローン達が、いずれは臓器移植という目的のために、健康体から目的に沿い臓器を摘出されていく、いわば宿命の中での、それを受け入れた男女のいわば哀しく美しい三角関係を描いたものである。彼らは特殊学校寄宿舎で一級の教育を受けているが、ある日残酷にも破壊分子ともいえる先生より、彼らの宿命を告げられる。それでも逃亡しないクローン達、素直に宿命を甘んじ、短い人生を力強く生きて行くのである。

　イシグロはこの作品に関して特攻兵士について言及しているが、僕には違和感がある。わが特攻は、死を覚悟し、その死が日本国存続のための勇気ある死として後世日本の発展への捨石として散ったのである。

　それに比較してクローン達は動物ならともかく人間として教育され、そして残酷にも内臓を抉り取られる、実質はモルモットの類である。陰惨で暗い、毀誉褒貶の作品として最高傑作と激賞する一方、2006 年のワースト作品であると酷評する意見がある。

　しかしイシグロの意図とは別に、この、いわば＜密室＞の恐怖の世界は先端科学ＶＳ神、ＶＳ人間の、いわば文明批判として観る事を薦める。

　同様に先端遺伝子医療の分野も恐ろしい人間の将来を暗示している。臓器移植からはじまりクローン、人間の奴隷としてのロボットなど考えても恐ろしい。人間が自然寿命をその欲望から延長する意図で、このような技術が無理やり人間の本来の寿命を長くし生態系は完全に破壊されてしまい、一方で国家存続に必要な若者のサイクルに狂いが出るのである。

　僕などは、医療の進歩の恩恵に預かってはいるが、程度はあれ、人間が不治の病にかかったなら、それは神の思し召しと考え、運命として受け入れるが、少しでも生き延びたい、持てる階級は老醜を剥き出しにしてこのような遺伝子科学に金に任せて不死身でありたい欲望を

募らせる。この様な欲望は非可逆性を持ち、限りない。

　「議論議論、慎重にと言って xxxx 年、その間に何人の子供を殺してきたんだ」と叫び、まさに「いかにも臓器提供するのが当然だ！」風に「いやなら臓器提供を拒否すればいいんだ！」とも叫んでいた。そんな文明や倫理に深い洞察や知性のない打算的功利主義論理がいつも脳裏に浮かぶのである。

　ハイデガーの弟子、ユダヤ系のヨナスは、特に科学技術と倫理の問題を取り扱って、「Against the Stream」（流れに抗して）という論文で死体の臓器移植を、道徳の面で抵抗した「the heuristics of fear」（恐怖の試行錯誤）という概念である。要は人間として、健全な思考で、絶えず未来の危険性を予知していく歯止めが必要だということである。

　一方キリスト教でも臓器移植には賛否両論があるようだが、要は＜唯一絶対価値基準は聖書であるという大前提に立ち、神と人との関係から『人間とは何か』という人間の本質を見ていく。その上に生命倫理がある＞というのなら、キリスト教の神学を勉強した、僕の聖書理解からして神の創造物である人間の臓器移植すら許されないと考えてしまう。

　臓器を求めての闇取引、弱き者が拉致され内臓を抉りとられている世界の現実をみれば、そのリスクは明らかではないか！　不治の病を持つものが、神の定めとしてその宿命を受け入れれば良い問題ではないのか。それを子供たちやクローン人間に皺寄せすることはまさに人類破滅の道と考える。

　戦後、「命は何よりも大事、命は地球より重い」なる生命至上主義が蔓延した。何のために命があるのか、命を捧げるのか、が問題であって、生命至上主義とは人道主義どころかエゴイズムの極限へと進む恐れがあることも事実だろう。

Carey
Mulligan

キャリー・マリガン

1985 年 5 月 28 日 -
英国・ロンドンに生まれる。

主な出演映画

『17 歳の肖像』
『わたしを離さないで』
『ドライヴ』
『SHAME - シェイム -』
『華麗なるギャツビー』
『インサイド・ルーウィン・デイヴィ
ス　名もなき男の歌』
『マッドバウンド 哀しき友情』
『ワイルドライフ』

Height	Weight	Measurements	Bra size	Eye color
170	54	87-66-89	70B	Light Browm

36

未来を
花束にして

原題 Suffragette
監督 Sarah Gavron
（サラ・ガヴロン、1970 年生）
2015 年、英国映画

私は奴隷でいるよりも
むしろ反逆者である方がよい。

I would rather be a rebel than a slave.

エメリン・パンクハースト

　1910 年代のイギリスで婦人参政権を求めて闘った女性たちの姿を
描いた作品。英語原題の Suffragette（サフラジェット）とは、20 世
紀初頭のイギリスの参政権拡張論者、特に婦人参政権論者を指す言葉。
僕の高く評価する＜プライドと偏見＞＜17 歳の肖像＞で一大スター
の地位を固めた英国俳優キャリー・マリガンが主演している。

　今でこそ女性の方が男性より逆差別ほど社会的地位を確保している
が、この頃はまさに女性は男性のアクセサリーとまでは言わないが母
権など認められず夫の意向次第で離婚され、職場では奴隷労働のよう
にこき使われ基本的人権などない。洗濯というのは過酷な奴隷労働と
も言える仕事で、酷使されセクハラどころか雇い主の性奴隷までさせ

られ、私生児がその洗濯工場で再生産されるという時代がほんの 100 年前先進国たるイギリスでもあったこと、つまり今から想像すると考えられない状況だった。当然女性は自覚してその怒りを社会運動に発展させる。

　この映画でも名優メリル・ストリーブが演じているが、実在のエメリン・パンクハースト（Emmeline Pankhurst, 1858 年 - 1928 年）なる女性が、金持ちの道楽偽善ではない、自ら牢獄にも打ち込まれ戦った、しかも過激であり爆弾テロも辞さない運動だから、迫力がある。映画はこの運動の中で翻弄される一人の女性の姿を描いて、いかに命を張って、子供も養子で別離させられ、監獄でハンスト運動もやり、最初は穏健だった一人の普通の女性が目覚めていく姿を描いて秀逸作品だ。

　追いかける警部もなかなかの弾圧手段に長けているが、この当時できた今だったら監視カメラの動画だが、写真機によって過激派の動向を探る手法がある。この警部も単なる屠殺人を超えた人間味があり、時には逮捕された主人公を救うといった、あるいは犯行現場で見逃してやると言った男でもあり、なかなか渋い演技が見ものだ。

　実在の人物として洗濯工場仲間だったエミリー・ワイルディング・デイヴィソン（Emily Wilding Davison、1872 年 – 1913 年）は 9 回にわたって逮捕されることとなった極端に過激な戦略で知られていた。ハンガーストライキなどの手段で抵抗し、収監中に 49 回も強制摂食を受けた。この映画でも最も感動させる場面は彼女と主人公が、1913 年 6 月 4 日のエプソムダービーで国王ジョージ 5 世に直訴を計画したが、阻まれ咄嗟の判断で、死を賭して国王の馬に体当たりして重傷を負い、4 日後に亡くなった。葬儀は 1913 年 6 月 14 日に女性政治社会連合 (Women's Social and Political Union、WSPU) によって行われ、数千人のサフラジェットが棺に付き添い、数万人がロンドンの通りに並んだという。

　この事件で余韻を残しながら映画は終わる。まさに英国の素晴らし

さは、あのオックス・ブリッジなるいわば貴族階級のソンムの戦いに
みるノブレス・オブリージュにもあるが、とにかく下層階級でも自分
の命を捨てて大義を目指す崇高な思想が見えてきて、涙を禁じられな
い場面だ。日本も神風特攻隊や切腹など自己犠牲精神はもちろん我等
日本人の誇りだが、考えるに日本の殉死は主従の絆、それは天皇陛下
と個人、日本のために、主君や親の仇などなど、何かもっと普遍的な、
世界的な、広大な大義のために死するというものがあまり見られない
ようにも思える点がある。

　あらすじ：ネットより：

　1912 年のロンドン。モード・ワッツは、夫サニーと幼い息子ジョー
ジの 3 人で暮らす平凡な主婦で、サニーと共に洗濯工場で劣悪な環境
下と低賃金で長時間働いていた。

　ある日、モードは洗濯物を届ける途中、女性参政権を求めて活動す
る婦人社会政治連合（WSPU）の過激行動に遭遇したのをきっかけに、
サフラジェットと呼ばれる女性参政権を求める活動家で過激な活動を
展開しているイーディスと出会う。

　やがて、政府による女性参政権運動への取り締まりが厳しくなり、
カメラによる市民監視システムが導入される。そしてモードは偶然写
り込んでいたために、無関係ながら活動家の 1 人としてマークされて
しまう。

　これによって、モードはサニーから一方的に離婚を申し渡され、息
子ジョージと会うことを禁じられた上にジョージは勝手に養子に出さ
れ、工場も解雇されてしまう。

　最初は運動に無関心だったモードであったが、運動家たちの命をも
かけた過激な活動を目の当たりにし、また議会の公聴会で友人の代わ
りに工場での待遇や自身の身の上を証言したことをきっかけに、自分
が違う生き方を望んでいることに気付き、連帯を示す花を付けた帽子
をかぶって運動に積極的に関わっていく。

Léa
Seydoux

レア・セドゥ

1985 年 7 月 1 日フランス・パリに
生まれる。
直系親族：祖父はパテの会長、大
叔父は映画会社ゴーモンの会長、
母親は石油開発会社シュルンベル
ジェ創設者の孫。

主な出演映画

『美しい人』
『ミッション：インポッシブル / ゴースト・
プロトコル』
『マリー・アントワネットに別れをつげて』
『007 スペクター』

Height	Weight	Measurements	Bra size	Eye color
168	54	84-58-89	70B	Blue

37

アデル、ブルーは熱い色

原題 La vie d'Adèle – Chapitres 1 et 2
監督 Abdellatif Kechiche
（アブデラティヴ・ケシシュ、1960年生）
2013年、フランス映画

私は男性との十分な楽しみを持っていませんでした。本当に楽しみたいので一年休みます。
Je ne me suis pas assez amusée avec les hommes, pas assez du tout. Je vais prendre une année sabbatique pour vraiment m'éclater avec eux.

写真家が同性愛者でない限り、男性の視線には常により曖昧さが存在します。しかし、私はより頻繁に男性に写真を撮られてきました…基本的に、私たちはオブジェであり、変容させ昇華しようとうる視線の対象でしかすぎません。
Il y a toujours plus d'ambiguité dans un regard masculin, sauf si le photographe est homosexuel. Mais j'ai été plus souvent photographiée par des hommes... Fondamentalement, on est un objet, on est regardée par quelqu'un qui nous transforme et nous sublime !

恋したいのですが、決まっているわけではありません。たぶん私はそのための映画を作る。誰かが来て連れて行ってくれてるように期待しつつ……
J'aimerais être amoureuse, mais ce n'est pas quelque chose qui se décide. Peut être que je fais du cinéma pour ça. Pour que quelqu'un vienne m'enlever

私の祖父、パテの社長は、私のキャリアのために少しも興味を示したり、指を離したりしていませんでした。そして私は彼に何も尋ねなかった。
Mon grand-père, le président de Pathé, n'a jamais manifesté le moindre intérêt ni levé le petit doigt pour ma carrière. Et jamais je ne lui ai demandé quoi que ce soit .

～ Léa Seydoux

アブデラティフ・ケシシュ監督・脚本・製作による 2013 年のフランスの恋愛・ドラマ映画である昨年の第 66 回カンヌ国際映画祭のコンペティション部門でプレミア上映され、満場一致で最高賞であるパルム・ドールを獲得した。

　パルム・ドールは史上初めて監督のほかに出演女優の 2 人にも贈られた。ジュリー・マロによる 2010 年のフランスのグラフィックノベル『ブルーは熱い色』を原作としてる。僕は映画は 1 時間半が一番見やすいが、二時間以上になると辛い。この映画はなんと三時間であり、それだけでも敬遠する気持ちがあったが、時間もあったので出向いた。

　結果はカンヌが絶賛したことがよく理解できた。素晴らしい内容と美しい描写には圧倒され 3 時間が辛くなかったのである。

　ストーリーはこういう筋書きだ。

　パスツール高校 2 年生のアデルは、マリヴォーの『マリアンヌの生涯』の熟読から「一目惚れ」とは何かを、ギリシャ悲劇『アンティゴネ』から「幼さとの決別」とは何かを、ポンジュの『物の見方』を学ぶフランス人らしさ溢れる女性だった。

　女友達と恋愛を語ったり、デモに参加したりする普通の女子学生だ。1 年年上のトマと恋愛しているが、街で一瞬すれ違ったブルーの髪の女性の姿が忘れられず、結局トマに別れを告げた。何か満たされないアデルは、ある日、親友の一人ベアトリスから接吻される。

　翌日、接吻には恋愛感情などないと語るベアトリスの言葉に傷つくのだった。男友達のヴァランタンは、そんなアデルを LGBT がよく行くバーへ誘う。

　そこで彼女は待望のブルーの髪の女性エマと出会い会話をする。エマは美術学校の 4 年生で、二人は互いの好きなものを語り合うが、二人の周囲に人が集まると、エマはアデルの学校名を聞いてからさっさと立ち去ってしまう。

　数日後、エマはアデルの高校の前に現れ、彼女を誘う。奇抜な雰囲気のエマに、アデルの友人たちも呆気に取られる。公園でエマはアデ

ルのスケッチをする。

　かっこをつけたもしながら、恋人のもとへ戻るエマにアデルは連絡先を渡す。やがてエマはアデルを実家へ招く。そこでアデルはごく自然に、エマの恋人として扱われ、教師になるという夢を打ち明ける。

　一方、アデルがエマを実家に招くと、エマはアデルの年上の友人として理解される。その夜、二人はベッドの中で密かに愛を交わす。……と言った具合だ。とても僕の世代にはついていけない世界だが、見ていてあまりに画像が美しく、美的感覚に溢れているからだろう。

　高校での授業やそれぞれの会話は洗練されており極めて知的である。サルトルの実存主義の会話、芸術論、クリムトの絵画論、その他話題の知的レベルの高さは、映画を見ていても添え物ではなく面白い！日本では想像もつかない、民度の高さがフランスにある。

　女優賞を取った二人のレスビアン、アデルとエマの演技力の素晴らしさ、迫真のリアルで摩擦音まで流れる激しい性描写は美しく感じても一切の不潔感がないのは驚きだ。それほど過激な描写である。

　とにかくレア・セドゥとアデル・エグザルホプロスの個性的でかつ素晴らしい演技には圧倒された。愛を通じての肉体的かつ精神的な成長を驚くべき演技力それも自然体でこなすのだ！

　甘酸っぱい振幅の激しい高校二年生のガキっぽさが、異性愛やレスビアンによって＜愛とは何か？＞を模索しつつ、試行錯誤を繰り返して、自分自身が磨かれて行く姿は眩しい！最後にファッション一つとっても、ブルーで固めた服装の美しいこと！

　そして最後の場面がフランス的でいけている。エマに振られ失意のなかで展覧会で久しぶりにあった男と会話が中断するなか、会場を去る。彼女を追ってでてきた男は逆の方向を追っかける。

　この分かれこそ暗闇の人生の分岐点なのだ！　そして画面は突然ブラックアウトで幕。

Lady
Gaga

レディー・ガガ

1986 年 3 月 28 日、米国ニューヨー
ク州ニューヨーク・マンハッタン
に生まれる。
作曲家、作詞家、音楽プロデュー
サー、ダンサー、女優

Height	Weight	Measurements	Bra size	Eye color
155	51	86-66-94	70B	Hazel

38

アリー
/スター誕生

原題 A Star Is Born
監督 Bradley Cooper
（ブラッドリー・クーパー、1975 年生）
2018 年、アメリカ映画

＊何度あなたが拒絶され、倒れ、打ちのめされたかではありません。あなたが何度立ち上がり、いかに勇敢に前に進むかということ＊夢には我慢が必要＊もしあなたに夢があるなら、そのために闘って＊最終的には、あなた自身を愛せないことにはあなたは幸せにはなれないのよ

レディ・ガガ

　こういう映画は、本当に後味の良いそして楽しくかつ人間の素晴らしさを謳歌しつつ、天才歌手の個性的なマスクと歌声に痺れまくる映画だとつくづく思う。なんと、この映画は 4 回目の＜スター誕生＞のリメイクらしい。だからこの天才歌手レディ・ガガの伝記的実話と考えたら間違いのようだ。

　それにしても最近の男優で大好きなブラッドリー・クーパーがプロデューサー・監督そして主演を務めかつなんと自分でも歌える歌唱能力に驚きだ。この俳優とジェニファー・ローレンスとの共演映画は数々のアカデミー賞と関わっているが、クーパーは今時、男が惚れ込む男らしさと、男らしい愛の眼差しがあるので日本でもファンが沢山いる

◀ © A Star Is Born

のだ！

　実はレディ・ガガについては名前を知っているにしても全く初対面で無知であった。しかし小ぶりながら、圧倒する、この空前のオーラのある顔と美しい肢体に僕は驚嘆した。

　ガガの存在を知ったのは、反トランプ陣営の民主党で史上最大の＜痴呆的＞大統領オバマのまさに宣伝役として活躍したことだ。そんな政治的な傾向については蛇蝎のように違和感を感じるが、それはともかく彼女の専門の分野にての、ガガの魅力と歌唱力に痺れ切ったのだった。早速今からガガのCDを注文するところだ。

　この映画で描く素晴らしい男の美学と女性の恩義を忘れない永遠の愛、美しすぎるといえば美しすぎるかもしれないが、これは映画の世界だ。

　偽善と欺瞞の匂いなどひとかけらもない男女の愛の美しさ、惚れ惚れする感動で、かつ二人の歌の数々、ちょうど最近たまたま見たマリア・カラスと同じオーラの歌声、聞くだけで自然と涙がほとばしる、声音で伝わる愛の世界に、この70台の年齢で浸れるこの素晴らしさ、映画の芸術性からとか議論は度外して、美しくガガの歌唱力に圧倒される映画だ。

　筋がきをネットより引用すると、ジャクソン・メインはカントリー歌手として名を馳せていたが、ドラッグと酒に溺れる生活を送っていた。そんなジャクソンを公私共に支えていたのが、兄のボビーであった。

　カリフォルニア州でのコンサートの後、ジャクソンはドラッグ・バーに立ち寄った。しばらくしてパフォーマンスが始まったが、ジャクソンはその歌に大きく心を揺さぶられることになった。歌っていたのはバーのウェイトレス、アリーであった。彼女の才能に感服したジャクソンは、アリーを次のコンサートで起用することにした。その話を持ちかけられたアリーは断ろうとしたが、ジャクソンの熱意に根負けして出演することになった。

　コンサート当日、ジャクソンとアリーのデュエットは観客から喝采を浴びた。その反応を見たジャクソンはアリーを自身のツアーに同伴

させることにした。そうしているうちに、2人の間には恋愛感情が芽生えることとなった。2人は一線を越えようとしたが、ジャクソンが行為の前に泥酔してしまった。

その後、2人はジャクソンが生まれ育った牧場を訪れたが、その土地はすでにボビーの手によって売却されていた。背信行為に怒り狂ったジャクソンは直ちにボビーを解雇した。

やがて、アリーはメジャーデビューの機会を掴み、カントリー歌手からポップ歌手へと転身して瞬く間にスターへの階段を駆け上がっていった。ジャクソンはアリーの転身を快く思っておらず、ストレスからますます酒浸りになっていった。アリーのマネジャー、レズはジャクソンの存在がアリーのキャリアの邪魔になっていると考え、その事実をジャクソンに突き付けたが、それが悲劇的な結末をもたらすことになった。

この作品は、第91回アカデミー賞でアカデミー歌曲賞を受賞した。

レディ・ガガについては、思想はとてもついていけないが、それはそれとして彼女の革新的ダンス音楽と並外れた歌唱力、さらに個性的なファッションやパフォーマンス、まさに世界的なスターといえる。
「あなたがどれだけ成功を手にしても、どんなにたくさんのチャンス、名声、幸運を手にしても、どんなに多くの人があなたの顔を受け入れようと、あなたを本当に受け入れなくてはいけない人はあなた自身」
No matter how much success you have — no matter how many opportunities, fame, fortune, no matter how many people accept you to your face — the person that really needs to accept you is you.
「あなたは個性的で、他と違っていなくちゃ、そして、あなたらしく輝くのよ」
You have to be unique, and different, and shine in your own way.
「ソウル(魂)にあなたがありのままの自分になれないなんて言わせてはだめ」
Don't you ever let a soul in the world tell you that you can't be exactly who you are.
～Lady GAGA

Alexandra Borbély

アレクサンドラ・ボルベーイ

1986 年 9 月 4 日、チェコ・スロバ
キア・ニトラに生まれる。国籍は
スロバキア。
第 30 回ヨーロッパ映画賞でヨー
ロッパ女優賞を獲得

主な出演映画

『スイング（swing）』

Height	Weight	Measurements	Bra size	Eye color
170	57	91-66-94	75B	Green

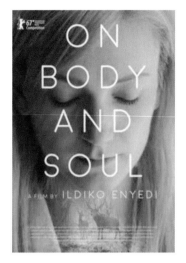

39

心と体と

原題 On Body and Soul
監督 Enyedi Ildikó
（エニュディ・イルディコー、1955 年生）
2017 年、ハンガリー映画

いまさら一人芝居のピエロになりたくない。
夢の中では素直になれるのに、現実ではすれ違ってしまう男女の物語
映画より

　女流監督エニェディ・イルディコー（Enyedi Ildikó, 1955 年 11 月
15 日 - ）は、ハンガリーの映画監督、脚本家である。彼の 2017 年の
ハンガリーの社会ドラマ（恋愛映画とは言いにくい）映画である。第
67 回ベルリン国際映画祭のコンペティション部門で上映されて最高
賞である金熊賞を受賞し、さらに FIPRESCI 賞とエキュメニカル審査
員賞も獲得した。第 90 回アカデミー賞外国語映画賞にはハンガリー
代表作として出品され、最終選考 9 作品に残った。また出演のアレク
サンドラ・ボルベーイが第 30 回ヨーロッパ映画賞でヨーロッパ女優
賞を獲得した。

　ハンガリーも共産主義という害毒で先の戦争から長い間、閉塞状態
だった。さらにハンガリーはフン族がかかって侵略しているから言葉も
人種もややモンゴルの血が入っている。（彼らはそれを言われると嫌
がるが・・）しかし僕の言う辺境映画ならではのユニークな映像とタッ

チが見られ、見た甲斐はあった。映画で主人公がテレビ映画を見ている場面があり、それが溝口か小津か成瀬の映画か画面が小さすぎて判別できなかったが、サントラに琴を入れた雰囲気はあり、かつこの恋愛が極めて抑制的なものであり、現代の欧州中心部の映画とは格段の差があり、この映画のタッチはそれの 1960-70 年代と僕は感じたのだ。

　牛の屠殺場でいかにも共産圏のコメコン諸国の工場で従業員の動きもそんな古き共産主義の匂いがプンプンする。この屠殺場に検査期間から最近派遣された女性、まさにとっつきが悪く、無愛想で、かつ自閉症のような女だ。杓子定規に等級付けをするのだが、まさに基準通り、記憶力が抜群でかつ視力もあり、絶対に馴れ合いを受け付けない女性だ。こんな女性も日本によくいる。会社でもこう言う女がいるとまさに業務がはかどらずかつ真正面から反論してくるので、それ以上アホらしくて何も言えなくなる女だ。

　ただ一点だけ長所は、すこぶる美女となる可能性のあるマスクと着痩せの豊満な肉体だ。早速工場の話題となるが、まさに取りつく島もない女性である。これに目をかけたのが財務部長の主人公、なんやら頬がこけ、右手に障害があり、不健康な顔であり、僕は配役を間違えたと思うが、あまりに冴えない工場管理部門のおっさんで＜男の色気＞も些かもない。こんな男が思いを寄せるのも唯離婚した妻の居なくなった後の屠殺という嫌な仕事とその孤独感だ。

　そんな中、誰かが牛の交尾に時々使う発情剤を盗み、警察が内部調査にこれまた色情狂のようなやや東洋風の心理分析者を派遣する。そんな中で、全員に同じ質問だと言い訳するも、あまりにもストレートですばりの質問をしながら、それを楽しむ風がある分析官だ！このエロさがこの映画のアクセントであり面白みになっている。そんな尋問の中で不思議なことに主人公二人の夢分析で同じ日に同じ夢を見たと言うのだ。まさに雄の鹿が雌の鹿と行動をともにしながら池の周りを遊ぶと言うメルヘンティックな夢だ！

　この回答に＜申し合わせてからかうな＞と激怒した分析官だが、そ

の後もその夢の同一性が続くのだ。これ以来女性は今までの表情が変わりまた自分でも色っぽくなろうと立ち居振る舞いを努力すると言うメタモルフォーゼがある。実に抑制的で、ある時二人は同じ部屋で寝る。しかし抑制された男には現代の元共産圏以外の欧州なら襲いかかるだろうがそんな情熱もない。何か日本のかっての道徳なども感じてしまうのだ！男の抑制に対して女はますます男に心を開いて行く、そして女のいい寄りにも男が撥ね付けたその時、女は自殺を決意する。

　牛が無残にも何も知らずに屠殺機械の中に入っていき殺される、そんな牛にも例えられるこの女の哀れさでもある。面接試験で男は希望者に聞く＜君は牛が哀れと思わないかい？＞面接者は答える＜全然なんとも思わないですよ＞と、男は聞く＜君はそんなようじゃこの屠殺場には向いてないからやめなさい＞と。あまりにも初々しい処女に毒牙などとの憐れみと自虐、しかし最後は彼女を労わるように抱擁するのだが、女の目がパッチリと空いているのは、どう言うことなのか？僕にはわからない。それは夢のメルヘンからそうではない現実を前向きに噛み締めているのだろうか！こんなメンタリティの女は今どき欧州にはいない、まさに辺境文化でしかない！

　そんな意味でこの男はあまりに哀れで貧乏臭いのでもう少しロマンスグレーのイケメンにしてもらいたかった。あまりにも絡み合いが美しくないからだ！リアリズムといえばそうかもしれないが・・ただこの女流監督の景色や森や屠殺ですら美しく描く映像はため息が出るほどだ。よほど男女の情感の世界というか絡み合いが苦手なのか、その世界には全く美学がないのが惜しい。

　イルディコー監督によれば、「本作品は食肉処理場が舞台となっている。まさにそれが、「体」の部分であり、そこから「心」と「体」について考えてもらいたかった。そしてこの映画の人間的な物語を、牛の視点から覗き見るかのように生きてみたいと考えたのです……「心と体」の両者は対立するのでなく、相互干渉こそが私の関心だったのです」。

Atsu Nobu
ku Yama

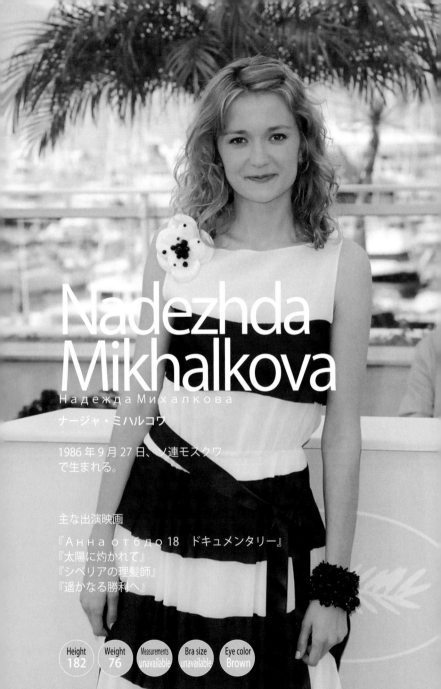

Nadezhda
Mikhalkova

Надежда Михалкова

ナージャ・ミハルコワ

1986 年 9 月 27 日、ソ連モスクワ
で生まれる。

主な出演映画

『Анна от 6 до 18　ドキュメンタリー』
『太陽に灼かれて』
『シベリアの理髪師』
『遥かなる勝利へ』

Height	Weight	Measurements	Bra size	Eye color
182	76	unavailable	unavailable	Brown

40

戦火の
ナージャ

原題 BURNT BY THE SUN 2: EXODUS
監督 Nikita Mikhalkov
（ニキータ・ミハルコフ、1945 年生）
2010 年、ロシア映画

戦火のなかに輝く肉親の愛と人間愛を
敬虔な祈りで紡ぐ一大叙事詩

　1994 年の映画『太陽に灼かれて』のパート 2 として製作された映画であり、その後 2011 年の『遥かなる勝利へ』へ続く合計三部作だ。この映画は 1940 年代の大粛清時代のソ連を舞台に描かれる人間ドラマである。

　「太陽に灼かれて BURNT BY THE SUN」1994 年から 16 年ぶりにロシアの巨匠ニキータ・ミハルコフ監督が、発表した続編である。前編はスターリンの大粛清をテーマに描いた作品であり 1994 年カンヌ国際映画祭最高賞グランプリとアカデミー賞外国語映画賞という快挙を成し遂げた。今回日本の配給会社はパート 2 だと言うと売れないから、その事実を隠すように「戦火のナージャ」なる独立性のあるタイトルにした。しかし心配することはない、この映画は独立して問題なく見られる。

　この作品はスターリンの粛清から第 2 次世界大戦という最も悲惨なソ連の歴史のなかで、生き別れの父と娘の愛の絆を描いた叙事詩ともいえる。しかも前編で監督兼主演のミハルコフが娘（当時 7 歳娘ナー

ジャ）と共に 16 年後に同じ役で親娘で出演している。ミハルコフ自体がこの三部作を激動のソ連からロシアに生きた自らのライフワークとしているのは確かでありこの映画には 8 年間製作や準備に費やし、空前の 5,500 万ドルをかけた作品である。

　ちなみにニキータ・ミハルコフはロシアの代表的映画監督、祖父は作家・詩人であり、ソビエト連邦国歌およびロシア連邦国歌作詞者のセルゲイ・ミハルコフ、姉のアンナと兄のアルテムは同じく俳優である。つまり共産時代からプーチンまで一貫してロシア映画界の本流を歩んできた一家である。その意味で親娘で映画に出ることは、まさに元はコネの世界なのだ。しかしこの娘はなかなかの役者であるのも事実だ。

　ロシア革命の英雄で元陸軍大佐アレクセイ・セルゲーヴィッチ・コトフ（ニキータ・ミハルコフ）は、スターリンに背いた罪で逮捕され記録上では銃殺されたことになっている。猜疑心の強いスターリンは、コトフが未だ生きている噂をもとに、ドミートリ・アーセンティエフ大佐（オレグ・メンシコフ）に捜査を命じる。・・・・

　映画にてミハルコフのキリスト教への強い信仰心を感じさせるのは、前作「12 人の怒れる男」と同様である。娘ナージャは共産党の少年少女団に所属し、理想的な党員に成長していたが、突然に消息を絶った父への想いを払拭できず、やがてナージャは、生き別れた父を探すため戦火のなか、ソ連各地を放浪するのだった。赤十字船で働いていたナージャは川を渡航中に、ドイツ軍の国際法無視の暴虐の砲撃に晒され奇跡的にロシア正教の司教と爆死を免れ機雷にかじり付く。執拗な生き証人抹殺の砲撃に晒されながらも、下半身を失った死の直前の司教より、キリスト教への帰依を説かれ水上で洗礼を受けるのであった。

　ソ連時代には、親は単なる生物学上の親に過ぎない暗黒社会である。そんな社会での人間の狡猾さ（共産党社会における密告、事なかれ主義など）から来る同じ国民であるのに冷酷な無関心さ、不正義に対し

て、スターリン主義への絶望とイエス・キリストの愛の恵みを信じる
ようになったナージャの愛と罪の葛藤が描かれる。神に祈り、神にさ
さげる娘の姿、そして神は時には非情、時には幸運、そして時には慈
愛の導きをするのである。「復讐するは我にあり」すなわちく「悪に
対して悪で報いてはならない。悪を行なった者に対する復讐は神がお
こなう」＞神による不正義や無関心に対しての制裁や復讐をこの映画
は繰り返し物語る。

　洗礼のあと一人で機雷にかじり付くナージャに通りかかったソ連船
は救助の叫びを無視する。陸にたどり着いたナージャ、ナージャを救っ
た機雷はそのソ連船に向かって激突そして破壊してしまう。ある時
ナージャは進駐したドイツ軍の兵士たちによるレイプに晒されるが、
辛うじて兵士たちを殺害して難を逃れる。しかしドイツ軍はその報復
として村民を焼きつくす。遠くからその虐殺風景を目にして、自分の
ドイツ兵殺害のために村人が罪もなく焼きつくされる罪の意識に泣き
叫ぶナージャ、しかし神は逃げまとうナージャを家を閉ざして受け入
れなかった村民達に報復したのである。

　ラストシーンが最も印象的である。従軍看護婦となったナージャが
焼きつくされた戦火の跡地で断末魔にあえぐ少年兵の懇願で死ぬ前に
見たことのない女性の裸体を拝みたいと頼まれる。慈愛あふれるナー
ジャはその殺伐とした戦場で衣服を脱ぎ、大胆に豊かな、こぼれるよ
うな上半身を少年兵に晒す場面は、修羅場での生命力溢れる人間讃歌
を謳うようで、涙を誘う。死の断末魔の少年の最後の叫びは、それで
もスターリンであった。

　この映画は２時間半の長丁場、全く退屈させない筋回し、感動の
数々の場面、監督の熱情と愛娘に対する想い、そして勿論強い信仰心
を強く見る者に焼きつける。ロシアの巨匠聖タルコフスキーの影響を
大きく受けている撮影技術そしてタルコフスキーよりも平易な言葉で
描く、大した監督である。エドゥアルド・アルテミエフのサントラも
心にしみるほど美しい。

イングランド・サリー州で生まれる。祖母は『エイリアン』のマザー役（声）などで知られるアメリカ出身の女優ヘレン・ホートン。2008年に癌で他界した父も短い期間、俳優をやっていた。姓の「ジェームズ」は父のファーストネームから付けた。

ギルドホール音楽演劇学校を2010年に卒業。

2012年に『タイタンの逆襲』で、長編映画デビュー。イギリスのテレビドラマシリーズ『ダウントン・アビー』第3シリーズでレディー・ローズ・マクレア役を演じたことで知られるようになる。

2013年に、オーディションでディズニー映画『シンデレラ』（2015年日本公開）のヒロイン・シンデレラ役に抜擢される。

2016年、舞台『ロミオとジュリエット』でジュリエット役に抜擢され、『シンデレラ』で共演したリチャード・マッデンと再共演を果た。

2014年、映画『高慢と偏見とゾンビ』で共演したのをきっかけにイギリス人俳優のマット・スミスと交際しており、ロンドンにて同棲中。

Lily James

リリー・ジェームズ

主な出演映画

『シンデレラ』
『ベイビー・ドライバー』
『ウィンストン・チャーチル』
『ヒトラーから世界を救った男』
『マンマ・ミーア！
ヒア・ウィー・ゴー』
『イエスタデイ』
テレビドラマ
『ダウントン・アビー』

Height	Weight	Measurements	Bra size	Eye color
170	55	86-61-89	70B	Dark Brown

41

ガーンジー島の
読書会の秘密

原題 The Guernsey Literary and Potato
Peel Pie Society
監督 Mike Newell
（マイク・ニューエル、1942年生）
2018年、英国映画

人間は幸せだから歌うのではない。
歌うから幸せになるのだ。

Because humans are happy, they do not sing.
It makes me happy becaause I sing.

米心理学者ウィリアム・ジェームズ

　ガーンジー島とはイギリス海峡のチャンネル諸島に位置するイギリス王室属領であり、イギリス女王をその君主としているが、イギリスの法律や税制、欧州連合の共通政策は適用されないが、外交及び国防に関してはイギリス政府に委任している。

　ガーンジー島は、タックス・ヘイヴンないしオフショア金融センターとして有名であり、さまざまな外国企業が SPC を設立している。映画のシーンから見ると、アイルランドの断崖絶壁の海岸線であり、観光地としても美しい島であることが分かる。

　この島を含むチャンネル諸島が 1940 年 7 月から 1945 年 5 月 9 日まではナチス・ドイツによって占領されていた。

◀ © Jeff spicer

物語はあるベストセラー女性作家の作品を読んだ島民から、手紙が届いてその読書会に興味を持った女性作家が島を訪問しタイムズにその様子をルポルタージュしようとすることから、彼女の運命を支配する出来事を繊細にかつ美しい男女の愛を描いて秀逸作としている。

　イギリスとしてナチス・ドイツに占領され要塞化されている状況は異常な事態であり、映画にもあるが子供達を占領直前に疎開させたり、手を打っている。

　その島民がナチスに禁じられていた豚飼育を友人たちで一頭平らげた夜、泥酔していたところ占領軍に摘発され反独秘密会議で検挙されんとした時、とっさに一人の女性（悲劇の運命を歩む）が読書会とはナチスでも文化政策として許されているはずだとして、危機を乗り切った。

　そんな読書会を後付けででっち上げたのだが、それは占領中も続いたのである。

　女性作家はその読書会に、当然歓迎されるだろうと満を持して飛び込んだのだが、全く会員たちには歓迎されず、なにやら深い事情を感じたが、その解明に没頭するうちに当時の複雑な男女関係、ナチスへの憎悪の関係、狭い村社会にありがちな島民の噂話や覗き見趣味など、作家として俄然興味を持ち始めたが……この島に船で行く別れ際にアメリカ人軍属の恋人から波止場でプロポーズされ婚約指輪まで渡されていたのだが……そんな島での体験が彼女の将来を一挙に変えてしまうことになる。

　1994年公開の『フォー・ウェディング』で英国アカデミー賞とセザール賞を受賞した英国人マイク・ニューウェル (Mike Newell) 監督はまさにヒロイン女性の意識の変化というか＜人間の意識の流れ＞を見事に演出したと感嘆する。この監督は『コレラの時代の愛』ガブリエル・ガルシア＝マルケスの小説を映画化した。この映画のヒロインは、リリー・ジェームズが好演している。

ここで＜人間の意識の流れ＞ということについて触れたいと思う。米国心理学者ウイリアム・ジェームズによれば、"The Principles of Psychology" (1890) の中で，人間の意識は絶えず変化していながら同一の人格的意識を形成しており，そのなかでは意識もしくは思惟は連続したものと感取されている。

　この変化しつつ連続している状態を彼は＜意識の流れ＞と呼んだ。この流れには，われわれの思考の主題をなす停止した実質的部分のほかに，流れの力動性を支配する推移的部分と暈（かさ）もしくは辺縁があり，暈の有無によって意識状態は感情と思惟とに区別される。この思想はベルグソンの純粋持続やフッサールの体験流の思想と類似する。

　文学でも，いわゆる古典的小説の筋，性格，時間の枠を無視し，絶えず流動変化する人間の意識こそがリアルだと考え，それを表現しようとする 20 世紀小説が登場した。J. ジョイスの『ユリシーズ』延々と続くブルーム夫人の意識の流れ，内的告白を 句読点のない文章で表現したものがある。

　その他作家には，ヴァージニア・ウルフ，ウィリアム・フォークナーなどがいる。ヴァージニア・ウルフの『ダロウエイ夫人』の中の、「誰ひとり知らないのだから。なぜ人がこれほど人生を愛するのか，どれほど人生をながめ，つくりあげ，自分のまわりに築いてはとり壊し，一瞬一瞬また新たに創造しなおしているのかを。でも実際どんなむさくるしい女だって，戸口の踏み石にすわっているどんなにみじめで失意に沈んだ男だって（彼らの失敗に乾杯！）、人生を愛している」

　映画の基本としては、筋、性格描写、時間の枠は大切な要素だが、この映画ではヒロインの心理の動きを＜意識の流れ＞という難しい課題を実にきめ細かに繊細に描いている監督の力量に感嘆したのだ。

Dakota
Johnson

ダコタ・ジョンソン

1989 年 10 月 4 日、米国テキサス
州オースティンに生まれる。

主な出演映画

『フィフティ・シェイズ』シリーズ
　計 3 作
『サスペリア』
『胸騒ぎのシチリア』

Height	Weight	Measurements	Bra size	Eye color
172	52	84-63-85	70A	Blue

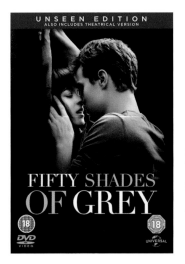

42

フィフティ・シェイズ・オブ・グレイ

原題 Fifty Shades of Grey
監督 Sam Taylor-Johnson
（サム・テイラー＝ジョンソン、1967 年生）
2015 年、アメリカ映画

恋に落ちているときほど、
苦痛に対して無防備であることはない。

ジークムント・フロイト

　男が見て理想の女性像とは一概に＜蓼食う虫も好き好き＞という言葉もあるように決定的言葉はないだろう。例えば某氏を例に取ると＜女性っぽい魅力のある女性が好きだ。それも可愛げがあって、何か傷つきやすい女の弱さを湛えている＞というものもいる。

　岩下志麻が良いという人もいるだろうし、＜おっかない＞と苦手な人もいるだろう。若尾文子の絶対的ファンは黒川紀章をはじめ多くの日本人男性のタイプだろう。若尾には岩下と異なり、＜男性をたてる女らしいフェロモンが漂っている。＞という人もいるだろう。

　最近では誰かな？　沢尻エリカのファンもいるだろうが、若くてドライな世代の日本人若者にファンが多いのではないだろうか？　＜何か女の強さで圧倒される押し出しがある＞ので敬遠する向きもあるだ

ろう。

　さて話は変わり、この本を書くにあたり、ダコタ・ジョンソンだけ
は映画の出演がまだまだこのフィフティ・シェイズ・シリーズを除い
て浅いので、映画が映画だけに僕も顔を赤らめているのだが、これを
除外すれば彼女は本から除外せざるを得ないので選んだ。

　彼女は母：メラニー・グリフィス、父：ドン・ジョンソンという俳
優界のサラブレッドに生まれた元々の素地があるので（俳優まで政治
家と同様世襲制になってきているようだ）、美しい、愛らしい、女ら
しい、可愛らしいなどなど男性にとって憧れのポイントは満点に近い
だろう。

　さて本題のこの映画、まさに僕くらいの歳を召した老人が川端康成
の『眠れる美女』のようなエロチシズムを感じる、清潔な大人の遊び、
そこにはマルキド・サドのような他人の苦悩や痛みを見て自分が楽し
むと言う倒錯の SM ではない。

　耽美主義的な人間の獣性の中にある愛の表現たるエロチシズムだか
ら、サドに特有のエゴからくる血や殺人や拷問は全くない、いわば大
人向きのメルヘン、お伽話なのだ。アメリカの若手の成金のジェット
セット族、そしてシンデレラガールのそんなメルヘン物語と言って良
い。

　そこのところが誤解されると、将来のダコタ・ジョンソンも大きな
痛手となる。本人は絶対に両親に見せたくないと言っているらしいが、
それはそうだろう。

　話は飛ぶが僕がパリに留学していた 1915 年ごろ、ベルギーのブルー
ジュという小川（運河）を中心とした小さな美しい街があり、そこに
この映画が流行ったこともあり、この手の道具類などを集め、2 人の
主役がポスターで飾られたブティックがあった。そこには不潔感など
一切なかった。

　思い出して欲しい、昔の日活ポルノやピンク映画のムンムンするよ
うな貧乏くさい息苦しくなる部屋で汗と獣的なエロ・グロ・ナンセン

スが一切ない、アメリカ的だが物質主義賛歌の絵画の世界と解釈して
もらいたい。もちろんダコタ・ジョンソンが主演でなければ絶対のこ
のシリーズは汚らしいものになっただろうし、僕も見ていないと思う。
そこが彼女の最高の魅力だ。

　例えばこの役をジェニファー・ローレンスがやったらこれはもうダ
メだ。あまりにもセクシーな女性はこの役には無理なのだ！清潔な女
性だからこそ見ていて不快感がないのだ。

　ただ申し上げたいのは、この映画を見られる方は男女とも別々に見
に行かれたくお願いする。こんな最高の贅沢なジェット族の贅沢の限
りの世界はそこらの若いカップルには目の毒だし、彼らが真似をして
も日活ポルノでしかないのだ。

　でもキリスト教の神父やマザーやシスターに本物の愛の深層心理は
実はフロイト的には裏腹なのよと言うことが、極端ではあるが、彼ら
の偽善と欺瞞の塊である＜処女懐胎＞が素敵！などとミーハー的に聖
歌を歌い、アーメンを唱えるアホなメルヘンに憧れる自分たちの馬鹿
さ加減がわかるだろうに！

　さて社会学的に解説すると、『フィフティ・シェイズ・オブ・グレイ』
はＥ・Ｌ・ジェイムズによるイギリスの官能小説だ。女子大生の主人
公が、若く有能だがサディストの性的嗜好を持つ大富豪の男性と知り
合い、ＢＤＳＭ（ＳＭ）の主従契約を結ぶという内容の恋愛小説で、主婦
が書いた女性向けのエロティックな小説として「マミー・ポルノ」と
呼ばれアメリカでベストセラーとなった。

　もともとはステファニー・メイヤー著の『トワイライト』シリーズ
のファン・フィクションとして書かれたもので、オンライン小説とし
て発表され、2011 年に書籍化されたのちランダムハウスが版権を買
い取った。

　2015 年 6 月現在、全世界で 1 億 2500 万部以上の売上と発表され
ている。続編に『フィフティ・シェイズ・ダーカー』と『フィフティ・
シェイズ・フリード』がある。

Mia
Wasikowska

ミア・ワシコウスカ

1989 年 10 月 14 日 -
オーストラリア・キャンベラに生
まれる

主な出演映画

『アリス・イン・
ワンダーランド』
『キッズ・オールライト』
『ジェーン・エア』
『嘘う分身』
『ハンナ』
『ボヴァリー夫人』
『クリムゾン・ピーク』
『ナチス第三の男』
『ピアッシング』

Height	Weight	Measurements	Bra size	Eye color
162	52	84-61-86	70A	Brown

43

欲望の
バージニア

原題 Lawless
監督 John Hillcoat
（ジョン・ヒルコート、1961 年生）
2012 年、アメリカ映画

全能の神が、自由なものとして心を創造した。それゆえ、世俗の刑罰や重荷を課したり、
市民権を奪うことによって、
その心に影響を与えようとするあらゆる試みは、
偽善と卑劣の慣習を生むだけである。

バージニア信教自由法

　　人工国家であるアメリカの＜民主主義＞とはアメリカの唯我独尊の
価値観をグローバリズムという一見誰もが反対できない言葉で世界に
武力で世界中に強要している。

　　根っこは宗教や人種偏見に満ちたものであり最大の偽善と欺瞞でし
かない。ただし昨今のトランプ大統領は自国第一主義でグローバリズ
ムと逆行する政策をとっており、反対に中国共産党政権が、剥き出し
の新・帝国主義と言える＜一帯一路＞というグローバリズムを徹底的
に悪用して発展途上国を借金漬けにして世界制覇を目論でいる。

　　この映画の背景である禁酒法も同じ宗教の偽善に起因する。この近
代最悪の偽善といえる禁酒法は、1920 年から 1933 年までアメリカ

合衆国憲法修正第18条下において施行され、消費のためのアルコールの製造、販売、輸送を全面的に禁止した法律である。「高貴な実験（The Noble Experiment）」とも揶揄された。その偽善はアメリカ・プロテスタントであるメソジストを中心に成立した。

宗教が政治に関与する危険性は古今東西の歴史が物語る。まさに20世紀最大の神学者カール・バルトは、神からの御言葉を啓示として神を捉えるのではなく人間側からの思い入れ、偽善や欺瞞に満ちた人間主義を神にむかって投影することで、神を「偶像」として捉えることを弾劾した。

日本でもキリスト教界の多くが戦後、大東亜戦争を否定し戦争責任を売り物にした。まさに、かような反日的行動を取るのは、偽りの道徳での一種の虚栄心からである。

滑稽なのは彼らの論点が日本軍の狼藉を捏造した当時の『朝日新聞』記者であった本多勝一の捏造報道や吉田清治のいわゆる慰安婦強制連行などのでっち上げを検証もせずに盲信した自虐史観である点だ。

それでいて一切広島・長崎ジェノサイドに異議を唱えない。最近は靖国神社参拝反対、原発反対、沖縄基地反対などサヨク反日勢力に呼応するかのような有様だ。

本作はマット・ボンデュラントの小説『欲望のバージニア』（2008年）を原作としている。出演はシャイア・ラブーフ、トム・ハーディ、ゲイリー・オールドマン、ミア・ワシコウスカ、ジェシカ・チャステイン、ジェイソン・クラーク、ガイ・ピアースらである。

アメリカ禁酒法時代にバージニア州フランクリン郡で密造酒を売るボンデュラント兄弟が描かれる。勿論脚色もあろうがこんな痛快な三人が実在したことは映画として迫力を与える。

時代背景は第一次大戦後から禁酒法が解除された近代とは言え、アメリカの西部劇の男達の再現である。そもそも偽善に満ちた禁酒法は逆に犯罪をもたらした。

実際ケネディ家やアルカポネなどのマフィア、フィクションとして

はあのギャツビーなどが巨額の富を得た、法律が問題なのであって、これに対する抵抗はジョン・ロックの抵抗権として当然の権利かもしれない。

　この映画は三兄弟と彼らの利権に与ろうとして断固拒絶される悪徳地方検事補そして二人の女、それに密造共同体としての村を描いている。

　末っ子のジャックは子供のときから臆病で二人の悪餓鬼の兄から泣かされるとともに愛されていた。そのジャックが悪徳検事補に半殺しまで殴られ一切の抵抗もせず家に帰ってきた。

　長兄フォレストはジャックに＜戦いは腕力ではない。立ち向かう意志なのだ。恐怖を乗り超えなければならない＞と叱責する。全くしびれる男の世界だ。

　それでもジャックは兄のお陰なのに、金やファッション・車狂いのまさに成金趣味で挙句は牧師の娘に惚れこみ、それを尾行する検事補に密造場所まで見つけられ一網打尽とされる。まさに兄二人の足を引っ張るジャックだが、兄弟の愛の絆は固い。

　とにかく今は失われた粗野なアメリカ男の魅力が満載されている。フォレストの魅力といったらない。第一次大戦で玉砕部隊でただ一人生き残る不死鳥のごとき存在で、検事補の送った殺し屋に首をかき切られても生き残る、まさに男女問わず惚れこむ男の中の男だ。

　アル・カポネと同列の手配中のギャングであるフロイド・バナーも権力に一歩も引かない反骨精神に一目置いており、なんとか手柄を立てたいジャックがバナーの罠にはまったときも、フォレストの弟と聞いて命を助け約束を履行し暗殺事件の真相と犯人を教えるほどだ。

　西部劇の面白さと現代世界特に日本で失われた本物の男達の闘争心と友情と兄弟愛と女性への真摯な愛そして復讐心と義侠心を描いている。

Stacy
Martin

ステイシー・マーティン

1990 年 3 月 20 日 -
フランス・パリに生まれる。日本
在住経験もあり
University of the Arts London's
College of Communication (Media
and Cultural Studies)
Meisner technique of acting at the
Actors' Temple で学ぶ。

主な出演映画

『ニンフォマニアック Vol.1』
『ニンフォマニアック Vol.2』
『アナザー』
『パレス・ダウン』
『シークレット・オブ・モンスター』
『五日物語 -3 つの王国と 3 人の女』
『ハイ・ライズ』
『ゲティ家の身代金』
『ポップスター』

Height	Weight	Measurements	Bra size	Eye color
170	54	79-58-58	70A	Light Brown

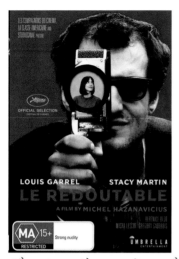

44

グッバイ・ゴダール！

原題 Le Redoutable
監督 Michel Hazanavicius（
ミシェル・アザナヴィシウス、1967 年生）
1917 年、フランス映画

ジャン＝リュック・ゴダールはそれからまだ一時間も私たちのあいだをうろちょろしていた。必死に家族を探す孤児みたいな悲しげな表情で。時折、彼の視線がやや長めに私の上に注がれるのを感じることがあった。

小説『少女』より

　まず最初にアンヌ・ヴィアゼムスキー（Anne Wiazemsky、1947 年 5 月 14 日 - 2017 年 10 月 5 日）ついて予備知識が必要だろう。ネットによるとドイツ・ベルリンで生まれる。母はクレール・モーリアック、弟はピエール・ヴィアゼムスキー。父はロシア革命直前にサンクトペテルブルクに生まれたルヴァショフ伯イワン・ヴィアゼムスキー公だったが、フランスに亡命しジャン・ヴィアゼムスキーを名乗る。

　アンヌとピエールの幼少期は、ローマ、モンテネグロ、ジュネーヴ、カラカスを転々としていた。母方の祖父は作家のフランソワ・モーリアック。「ヌーヴェルヴァーグのゆりかご」と呼ばれる伝説的シネクラブ「オブジェクティフ 49」設立メンバーの作家クロード・モーリアッ

クは母方の伯父。

1964 年、16 歳のとき、ロベール・ブレッソンの映画『バルタザールどこへ行く』で女優としてデビュー。1967 年、ジャン=リュック・ゴダールの『中国女』に主演、同年 7 月 22 日ゴダールと結婚したが、1979 年に離婚。実際には 1972 年のジガ・ヴェルトフ集団解消後のゴダールはアンヌ=マリー・ミエヴィルと公私ともにパートナー化していた。小説家や脚本家として数本の作品がある。『愛の讃歌』、『少女』その他がある。フランスでは著書を原作にしばしば映画化される人気作家である。テレビ映画では 2004 年以降に 4 本の監督作がある。彼女の自伝的小説『彼女のひたむきな 12 カ月』の後に書かれた『それからの彼女』がこの映画の原作だ。

ゴダールは＜勝手にしやがれ＞＜気狂いピエロ＞など最高の映画の実績で当時の映画界を席巻したのは事実だ。僕も恥ずかしながらこのころのゴダールは評価してもその後＜中国女＞など文化大革命やマオイズムな極度の新左翼化にて気が狂ったのかと思っていてそれがいまだに先入観としてあったのも事実。しかしこの映画を見て見事な監督の腕だろうが、ゴダールの天才的素質に感動するとともに、彼の人間的な正直さや素直さに惚れ込んだ。真っ正面に映画とは何か、芸術家の使命とは何かをそのまま一切の偽善や欺瞞を排除し言いたい放題公でも語り。かつての友人ベルナンド・ベルトリッチなどと思想を巡って離れていくフランスの根本の自由主義的思想をこの映画で実感したのだった。

物語は彼がかつての栄光を捨てて、名門のノーベル賞文学賞受賞のフランソワーズ・モーリャックの孫娘との愛の日々と葛藤そして別離を描いているのだが、これほど生のゴダールの純粋さそして最後はついていけない彼女との別離、何かもうフランスの僕の愛する全ての自由主義と人間の本物の愛を感じて絶賛する次第だ。

ゴダール役のルイ・ガレルあのフランス第二革命の 1970 年の反ドゴール闘争を描いた『恋人たちの失われた革命 Les amants réguliers』

から演技派に変身した素晴らしい演技、それに何よりも孫娘のヴィアゼムスキーに扮するステイシー・マーティンの美人ではないが、素晴らしい初々しさと、痺れるような魅力に惚れ惚れして二時間が経過した。俳優の良さとゴダールを本当に理解した監督の驚くべき演出だ。こんな映画を観るとまだまだ映画は捨てたものじゃないと感じるほど感激したのは僕だけだろうか！監督はミシェル・アザナヴィシウスである。

　さてアンヌ・ヴィアゼムスキーは上記の通りで、ゴダールとは1979 年に離婚し、すでに鬼籍であるが「小説か、実録か？」と本のオビの惹句にもうたわれているように、映画『バルタザールどこへ行く』の舞台裏を描く実録実名小説として読むこともできる。

　『バルタザールどこへ行く』の撮影中にプロデューサーのマグ・ボダール女史が「映画監督のジャン＝リュック・ゴダールを連れて昼食にやって」くるというくだりがあり、そこでアンヌ・ヴィアゼムスキーとゴダールとの出会いが語られているのだ。

・・・・・・・・・・・・・・

　若いゴダールが、年長のブレッソンを熱狂的に崇拝しており、インタビューもしたい、というのがその口実だったが、ロベール・ブレッソンは「私にそんなヒマがあるとでも言うのか！」と激怒していた・・・「それにしても、どうしてだろうな……。あのジャン＝リュック・ゴダールというやつの映画は見たことあるかい？」「いいえ」。私が知らないので、彼は安心したようだった。

　ロベール・ブレッソンは声を張り上げ、社交的な調子で、「ところで、君、ジャン＝リュック、新しい映画を撮り始めるそうじゃないか。ああ、それはいいことだ。何というタイトルだったっけかな。……　ああ、そうだ。『気狂いピエロ』だろ？　いや、それはすばらしいよ！」ジャン＝リュック・ゴダールはもごもごとお礼を述べ始めたが、ロベール・ブレッソンは……軽く手を振って黙らせた。……

Kristen Stewart

クリステン・スチュワート

1990 年 4 月 9 日、米国カリフォ
ルニア州ロサンゼルスに生まれる。
国籍は米国。

主な出演映画

『パニック・ルーム』
『トワイライト』シリーズ
『スノーホワイト』
『パーソナル・ショッパー』
『チャーリーズ・エンジェル』

Height	Weight	Measurements	Bra size	Eye color
165	54	86-56-86	70B	Green

45

アクトレス

原題 Clouds of Sils Maria
監督 Olivier Assayas
（オリヴィエ・アサヤス　1955 年生）
2018 年、フランス・スイス・ドイツ合作
映画

エリック・ロメールは、ふたつの一見異なる要素を共存させている作家です。ひとつは、印象派にとても影響を受けている点。季節の変化や自然に影響を受けていて、光の透明感というものを感性に入れ込んでいます。そのようなものが彼の描く世界ではとても重要です。脚本の文体においても無駄なものが削ぎ落とされて洗練されている。彼の作品では、いつも人間の心理描写や人間関係の感情の動きがきっちりと描かれるのです。

　　　　　　　　　　　　　　故ロメール監督についてのアサヤス論

　勿論活劇皆無僕の好みの会話劇という面もあるが美しいスイスを舞台に三人の女性の会話の面白さ、昼間の眠い時間帯での鑑賞、この引きつけられる演出の魅力とは映画の醍醐味だし、まだまだ映画も可能性を秘めていると頼もしい。三人の女とは、
（１）名女優（ジュリエット・ビノシュ）：かって＜マローヤの蛇＞という舞台劇で二人の女性の若い役を演じた名女優が 20 年後リメイクにて年寄り役を演じる事になる。もう女の盛りを過ぎた経験豊富な更年期の女性　（いわばアナログ系）
（２）秘書（クリステン・スチュアート）：名女優の有能な秘書として仕事をテキパキ行ない、台詞練習の相手にもなる 30 歳台。（いわばディ

ジタル系）

（3）新人女優（クロエ・グレース・モリッツ）：かって名女優が演じた 20 歳台の若い女性役を演じる事になる。新しい世代でまさに宇宙人的存在、恋愛スキャンダルの常習犯。（完全ディジタル人間）

　まさに映画はこの三人を中心に描く。＜このごろの若いもんは！＞という台詞は何時の時代でも常にあることで現代に限ったことではない。名女優は経験と円熟を極めており、全て世間のことは見通す事ができるいわば＜保守層＞だ。秘書はこの名女優を新しい時代の風を翻訳しながら仲介する、いわば新旧の橋渡し、いわば名秘書であり、時には名女優を嗜め（たしなめ）ながら最高のアドバイスをする。

　新人女優はまさに現代の若者を彷彿させるような感覚主義しかし結構頭が良い。そんな時代のギャップを舞台の練習、現実の恋愛スキャンダルを絡めながら飽きさせない演出の面白さは圧巻だ。

　前半は 3 分の 2 は名女優と秘書との関係だが、この会話や練習風景が極めて面白い。現実の忸怩たる人間関係も言外にあるので、それを演じる 2 人の演技も素晴らしい。ついに物わかりの悪い保守的な名女優に愛想をつかし切れてしまい、最後には忽然と姿を消してしまう秘書である。

　後半は新人女優と名女優、名女優が別れの場面で新人女優が、現代っ子で、ドライに冷たく去って行く場面に、私がかってやったように＜間をおいてくれない＞と懇願するが、＜そんなもん！だって間合いなど全く必要ないわよ！捨てられる女には観客も興味ない＞と一蹴する新人女優、老若世代の時代の流れを感じて、しぶしぶ納得する名女優にも、そのなんとも言えない悲哀を演技するビノシュのうまさだ。あれやこれやでこんな面白い映画は無いほど引きつけられた。

　ビノシュの老獪な演技のすばらしさ！眼鏡をかけたスチュアートが知的で有能な役割を見事に演技、彼女の眼鏡をとった素顔が素敵だ。実は 2 人のレスビアン関係を重ね合わせるような、劇の内容（劇中劇）

これがまた面白い。最後に新人女優モリッツの小悪魔のような演技、それでいてハチャメチャのなかに若者らしい感性と発想を演技する見事さ。まさに三人の演技のぶつかり合いの面白さも見所だ！

　～映画の粗筋をネットから：女優のマリア・エンダースとマリアのマネージャー・ヴァレンティンは、マリアが新人女優の時に発掘してくれた劇作家・ヴィルヘルム・メルヒオールの代理として、彼の功績を称える賞を受け取るために、チューリッヒに向かう列車の中にいた。ここ数年は公の場に姿を見せていないメルヒオールは、この賞の受け取りを拒否したうえで、彼女の出世作である「マローヤのヘビ」の題名の由来でもある景勝地「シルス・マリア」まで来るようマリアに指示していた。しかしそんな中、列車の中でメルヒオールがなくなったという知らせが入った。

アクトレス～女たちの舞台～

　最後に最近、高く評価するオリヴィエ・アサヤス（Olivier Assayas 1955 年 1 月 25 日 -）だが、現在は国籍はフランスでありフランス国立高等美術学校（École nationale supérieure des beaux-arts）を卒業した。アメリカン・ホラーやアジア映画にも造詣が深い、また脚本家でもある。『ランデヴー』『夜を殺した女』『溺れゆく女』など作品がある。

　2016 年、クリステン・スチュワート主演映画『パーソナル・ショッパー』が第 69 回カンヌ国際映画祭のコンペティション部門に出品され、監督賞を受賞。自身にとっては 5 度目のコンペティション部門出品で、初のカンヌでの受賞となった。『夏時間の庭』『カルロス』『アクトレス～女たちの舞台～』『パーソナル・ショッパー』テレビドラマ『コードネーム：カルロス 戦慄のテロリスト』などが主な監督作品である。

Emma
Watson

エマ・ワトソン

1990 年 4 月 15 日ー
フランス・パリに生まれる。英国籍。
2014 年米国名門ブラウン大学を英
文学の学士号で卒業した。ヘリコ
プターで通学したのは有名な話。

主な出演映画

『ハリー・ポッター』シリーズ
『ウォールフラワー』
『美女と野獣』
『ザ・サークル』
『ストーリー・オブ・マイライフ /
わたしの若草物語』

Height	Weight	Measurements	Bra size	Eye color
165	50	84-59-86	70A	Brown

46

コロニア

原題 Colonia
監督 Florian Gallenberger
（フローリアン・ガレンベルガー、
1972 年生）
2015 年、ドイツ・フランス・ルクセンブルグ映画

チリ・ピノチェット独裁政権が
拷問委託施設として活用した恐るべき実在の組織は
まさにキリスト教の偽善が孕む悪徳と残虐の限りの地獄絵

　1973 年、ルフトハンザ航空の客室乗務員のレナ（エマ・ワトソンが扮する）はチリにやって来たが、折しも軍事クーデターが勃発、恋人でジャーナリストのダニエルが反体制分子として捕らえられてしまう。

　ダニエルが収容された「コロニア・ディグニダ」は、表向きは農業コミュニティだが、実態は「教皇」と呼ばれる元ナチ党員パウル・シェーファーが暴力で支配し（ただし、映画内では元ナチ党員の件は触れられていない）、ピノチェット軍事独裁政権と結びついた拷問施設となっていて、一度入れば、二度と生きては出られない地獄であった。

　レナはダニエルを助け出すため、命がけで単身「コロニア・ディグ

ニダ」に潜入する。監督のフローリアン・ガレンベルガーは、9歳のときに学校で「コロニア・ディグニダ」のことを習い、そこで起きていたことに怒りを覚えたことが映画化を決意した理由であると語っている。

1961年に元ナチス党員パウル・シェーファー率いるドイツ人移民のグループが設立。コロニーのフルネームは尊厳慈善および教育協会（Sociedad Benefactora y Educacional Dignidad、英語:Dignity Charitable and Educational Society）で、移民自体はこれに先駆けること1950年代半ばから始まった。2002年の国勢調査によると、同地の人口は198人。

このキリスト教組織に実在した＜教祖＞Paul Schäfer Schneider (4 December 1921 – 24 April 2010) が少年ソドミーを含めありとあらゆる残虐性を発揮したその真実はまさにキリスト教の2000年の残虐史の縮図といえよう。

さらにこの施設にあのアウシュビッツの人体実験の医師メンゲレが一時いたと米中央情報局 (CIA) 並びにサイモン・ヴィーゼンタールが明らかにしている。

そしてピノチェットの超法規政治犯拷問施設でまさに魔女裁判とも言える拷問の限りを尽くした。全て神の名にて行ったこの悪逆の限り、まさに偽善と欺瞞のキリスト教の極限の姿というか20世紀のキリスト教の相変わらずの実態である。

まさにこの映画の圧倒的迫力は事実存在した組織を描いているからだ！

1　神の綺麗事をスローガンに綺麗事でシスターたちを奴隷強制労働させる。一度ここに足を踏み入れたら決して俗世に出られない、鉄条網に囲まれたこの悪魔の施設

2　悪魔祓い、まさに殴る蹴るでシスターを凌辱する姿

3　まず一切男女子供を分離して全て神の子として忠節は神と言い、一切の家族の愛を否定する。ルカ福音書 8 章にある、イエスが自分の母マリアに殊更冷淡な態度をとる場面があるが、まさにオカルト集団の特質である、家族と縁を切らす手口

　4　この教祖は少年へのソドミーの嗜好が顕著で子供は慰め者、アカデミー賞受賞のアメリカ映画『スポット・ライト』のソドミー事件にあるような聖職者の嗜好。

　5　密告礼賛、全て密告で生贄を創り上げなぶりものにする

　まさにこの映画は＜宗教に必然的に潜在する悪魔的世界＞の本質を実際存在したキリスト教の「コロニア・ディグニダ」を描いている点だ。

　こういう悪魔的世界は、表面面は綺麗事を並べたてるのが常だ。ついでにこのキリスト教の教祖シェーファーはその後懲役 20 年の刑に服していたが、2010 年 4 月 24 日、心臓病のためサンティアゴの国立刑務所で死去。副司令官のハルトムート・ホップ博士 (Hartmut Hopp) を含むコロニア・ディグニダッドの 22 人のメンバーも児童への性的虐待を幇助していたことが発覚した。

　エマ・ワトソンはアメリカの名門ブラウン大学で学び、英文学の博士号を取得している知的俳優だ。物語は冒険ものだが、彼女の清純な魅力がこの腐りきった悪魔の集団の中で、人間の正義の輝きとして浮き彫りになるのが素晴らしい。綺麗事を語る集団の恐ろしさ、これに対して恋人を命をかけても救い出すという人間の美しい動機、これがこのワトソンが適役であったのだ。

　さて本書を書いている最中、2020 年 6 月 16 日に「グッチ」などの高級ファッションブランドを展開する仏ケリングは、女優エマ・ワトソン氏の取締役指名が年次株主総会で承認されたと発表された。　只者ではない知的女優であり、日本では考えられない快挙だ。

Jennifer
Lawrence

ジェニファー・ローレンス

1990 年 8 月 15 日、米国ケンタッキー州ルイビルに生まれる。国籍は米国。
『あの日、欲望の大地で』２００８ヴェネツィア国際映画祭では新人俳優賞を受賞、『世界にひとつのブレイブック』２０１２アカデミー主演女優賞を受賞、『アメリカン・ハッスル』2013 ゴールデングローブ賞助演女優賞、『ジョイ』2015 ゴールデングローブ賞主演女優賞

主な出演映画

『ウィンターズ・ボーン』
『X-MEN』シリーズ
『ハンガー・ゲーム』シリーズ
『世界にひとつのブレイブック』
『アメリカン・ハッスル』
『ジョイ』
『パッセンジャー』

Height	Weight	Measurements	Bra size	Eye color
172	62	91-68-91	90B	Blue

47

セリーナ
炎の女

原題 SERENA
監督 Susanne Bier
（スサンネ・ビア、1960 年生）
2014 年、チェコ・仏・米合作映画

「あなたが愛した人を失った悲しみを耐えられるものとするのには、思い出すより忘れることが一番だ。とにかく忘れること。そしてどれだけ忘れることができるか？それはびっくりするほどだ。そしてあなたが忘れたことは、その失った人の存在が耐えられるほどまでにあなた自身の中でなんでもない存在となるのだ。しかもあなたがその思い出を取り出したいと思ったら、その当時の思い出が蘇り、悲しみがそこにあることが意識されるのだ。ある意味で森林に張り巡らせた有刺鉄線みたいなものなのだ！」

What made losing someone you loved bearable was not remembering but forgetting. Forgetting small things first... it's amazing how much you could forget, and everything you forgot made that person less alive inside you until you could finally endure it. After more time passed you could let yourself remember, even want to remember. But even then what you felt those first days could return and remind you the grief was still there, like old barbed wire embedded in a tree's heartwood.

Ron Rash, Serena

　この映画が 2014 年に公開されずに、2018 年にやっと公開され都内でも一館であったことは驚きである。原作はロン・ラッシュの 2008

年の小説『セリーナ　SERENA』。 20世紀初頭の米国南東部の森林地帯を舞台に繰り広げられる夫婦の愛憎劇を描いたラブサスペンスであり、僕も原作を翻訳で読んだ。お勧めの小説である。

　あの『世界にひとつのプレイブック』にて、第85回アカデミー賞では作品賞を含む8部門にノミネートされ、ジェニファー・ローレンスが主演女優賞を受賞した。『アメリカン・ハッスル』でもこの2人のコンビ、ジェニファー・ローレンスとブラッドリー・クーパーが主演を演じているのである。

　しかもこの映画はデンマークの女流監督でスザンネ・ビア（Susanne Bier, 1960年 - ）の作品であり、彼女はドグマ95（Dogme95）と呼ばれるデンマーク映画界での闘士であった。それはデンマークにおける映画運動であるが、1995年、ラース・フォン・トリアーらによって始められた。彼女の『しあわせな孤独』2002年はこのドグマ95に基づいた映画であった。さてドグマ95には「純潔の誓い」と呼ばれる、映画を製作する上で10個の重要なルールがある。2008年現在まで270作を数える。この本の読者は映画にご興味のある方ばかりだと思うので、脱線していただくと。この「純潔の誓い」とは

* 撮影はすべてロケーション撮影によること。スタジオのセット撮影を禁じる。

* 映像と関係のないところで作られた音（効果音など）をのせてはならない。

* カメラは必ず手持ちによること。

* 映画はカラーであること。照明効果は禁止。

* 光学合成やフィルターを禁止する。

* 表面的なアクションは許されない（殺人、武器の使用などは起きてはならない）。

* 時間的、地理的な乖離は許されない（つまり今、ここで起こっていることしか描いてはいけない。回想シーンなどの禁止である）。

* ジャンル映画を禁止する。

* 最終的なフォーマットは 35mm フィルムであること。

* 監督の名前はスタッフロールなどにクレジットしてはいけない。

　彼女の作品群は：

　2007 年には初の英語作品で、ハル・ベリー、ベニシオ・デル・トロ主演のドラマ『悲しみが乾くまで』が公開された。

　2010 年公開の『未来を生きる君たちへ』でアカデミー外国語映画賞を受賞した。

『ある愛の風景 Brødre 』(2004) 監督・原案

『アフター・ウェディング Efter brylluppet』(2006) 監督・原案

『悲しみが乾くまで Things We Lost in the Fire』(2007) 監督

『未来を生きる君たちへ Hævnen 』(2010) 監督・原案

『愛さえあれば Den skaldede frisør』(2012) 監督・原案

　どれもこれもアメリカ映画にない欧州それも伝統国デンマークの＜人間の罪＞を掘り下げる映画で、まさに欧州のキリスト教精神史を背景に、運命とちょっとした偶然に翻弄されていく男女の燃えるような愛の悲劇を描いて最高であり、僕の大好きなタイプの映画群である。

　この映画はアメリカ、ノースカロライナ州の 1929 年代山師が一攫千金をかけてまさにパイオニア精神が活発な頃のアメリカが舞台だ。1990 年生まれのジェニファー・ローレンスは田舎臭いが、これがかえって、無比のセクシーな女優はブリジッド・バルドーいやクラウディア・カルディナーレのアメリカ版だ。コミカル役のイメージがあるが、この映画ではファム・ファタール役　女性の愛の強さと裏腹の嫉妬の激しさ、それに役柄として男顔負けの腕力とたくましさである。惚れ惚れするのだ！久しぶりに彼女の融通無碍の演技で痺れまくった。

　筋書きも小説が良かったのだろうが見事な見せ場の連続だ！人間の悲劇、運命の操り人形のように翻弄される映画はさすがこのきめ細かな女性監督の賜物だ！

Marine
Vacth

マリーヌ・ヴァクト

1991 年 4 月 9 日、フランス・パリ
に生まれる。国籍はフランス。

主な出演映画

『17 歳』

Height
171

Weight
55

Measurements
84-61-86

Bra size
70B

Eye color
Green

★★★★
"Påminner om det bästa av
De Palma och Cronenberg"
Los Angeles Times

★★★★
"En fantastiskt skruvad
erotisk thriller"
MERIT

MARINE VACTH   JÉRÉMIE RENIER

DUBBELT BEGÄR

EN FILM AV FRANÇOIS OZON

2重螺旋の
恋人

原題 L'Amant double
監督 François Ozon
（フランソワーズ・オゾン、1967 年生）
2017 年、フランス映画

*Aisa Nobu
ku Yama*

愛においては、2つの要素が存在する。
それは肉体と言葉

ジョイス・キャロル・オーツ

　フランソワ・オゾンの映画だ。オゾンの監督は僕は『8 人の女たち
8 femmes (2002)』で始まりその後落胆失望『17 歳 Jeune et Jolie (2013)』
で新鮮な印象を持ちで真面目なオーソドックな恋愛映画『婚約者の友
人 Frantz（2016）』でホッとしたが、この映画で強烈なインパクトを
感じるとともにオゾンに秘めた、夢と現実の交錯の面白さ、まさに
シュールレアリズムを感じ取った、まさにフランス映画だ。

　原作はノーベル文学賞候補にも挙げられる米の女流作家ジョイス・
キャロル・オーツの短篇だ。

　『17 歳』ではクロエに扮するマリーヌ・ヴァクトが圧倒的な存在感
で高校生売春婦（リセ・アンリ 4 世高校の高校生イザベルはソルボン
ヌ大学文学部 2 年生で 20 歳の「レア」と偽り、SNS で知り合った不

特定多数の男たちと売春を重ねる）を演じた。この 4 年前の映画とこの映画は、同じ主演女優で似たところがあるので、もう少し紹介すると、マリーンがこのイザベル役をこなしてインタビューが面白い。

　売春婦が登場する映画は少なくはない。しかし、本作のようにお金でも優越感でもなく、自分の存在を確かめようと売春を続ける少女に肉薄していく作品は珍しく、そしてその罪を犯す感覚は、17 歳だった頃の自らの愚かさを思い出せば共感を覚えてしまうはずだ。

　そんなスクリーンの中に住まう"女"でもあり、そして観る者たちの誰もが持つヒロイン・イザベルを、マリーヌはこう分析する。

　「彼女には偽善がまったくないの。作品を観ると、彼女は脆い存在だけど、同時に強さもあって、ユニークな若い女性だということが分かる。少し孤独で、人との関係が希薄で、あまりコミュニケーションを取るのがうまくない（ある事がきっかけで、両親に売春をしていることがバレてしまうけど）。

　イザベルは、売春の経験について誰にも話す気はないし、誰かに秘密を打ち明けたくもない。彼女の物静かな様子は共感できるし、感銘を受けるわ。イザベルは人と距離を取りながら生きているの──そこにいるけれども、いない、というようにね」

　まさに僕の知るパリの個人主義かつ自己責任主義がここにあるのだ。

　さて本題のこの映画に戻ると、とにかくエロティックよりもややアブノーマルな男女の性愛、主人公の引かれる双子の兄弟の謎。男女の愛の本質、支配され支配する喜び、サド・マゾ、さらに許されない禁断の愛、そして破局、これをシュールに描く耽美主義にふさわしい主演男女の素晴らしさ、サスペンスとして映画の面白さもふんだんに織り込んだ娯楽主義といえばそれまでだが、とにかくフランスの性愛主義讃歌の醍醐味を味わえることは間違いない。

　付け加えると、科学的なのかどうか知らないが三毛猫というのは子宮内の双子の殺し合いで常に勝利するのは雌猫、雄猫の三毛猫は 1

パーセント足らずという伏線があり、これをうまく双子の兄弟さらには
ヒロインの双子の宿命を重ね合わせ見事なサスペンスとしたオゾン
は、一時毛嫌いした時期があったが、やはり相当の能力を認めざるを
得ない。何か＜胸騒ぎ＞を観客に起こさせるこのエロティシズムには
堪能した次第だ。

　15歳の時にスカウトされてモデルを始め、H&M、イヴ・サンロー
ランやルイ・ヴィトンなど名だたるブランドの広告で活躍、やや細身
のファッションモデルを想像するマリーヌ・ヴァクトの魅力も将来大
物に間違いなく出世するだろう、一見に値する。

　さてこの映画の粗筋をネット（高崎俊夫）から紹介すると：

　パリに住む若い独身女性のクロエ（マリーヌ・ヴァクト）は原因不
明の腹痛に悩まされ、精神分析医のポール（ジェレミー・レニエ）を
訪ねる。通いつめる中で、恋に落ちた二人は同居を始めるが、ある日、
クロエは街中でポールと瓜二つの男を見かける。男はポールの双子の
兄で精神分析医のルイだった。

　疑念を抱いたクロエは偽名を使い、ルイのカウンセリングを受ける
ようになるが、優しいポールとは対照的な傲慢で粗暴なルイに惹かれ、
ついに一線を越えてしまう――。

　双子の片割れが青年期に起こした事件の謎、その被害者となった女
性の母親（ジャクリーン・ビセット）のあまりに狂信的な振る舞いの
背景には何があるのか。

　映画は、当初、クロエの視点に寄り添うかのように見えて、次第に、
多層的な視点が交錯し、絡まりあう、ミス・リードすれすれの妖しい
企みが物語の布置にじわりじわりと浸透してゆく。

　あたかもポールとルイはクロエにとって、精神と肉体、理性と欲望、
抑制と快楽、エロスとタナトスという二項対立を体現しているかのよ
うであり、クロエはその両者の間で分裂に晒され、身心ともに崩壊寸
前まで追い込まれて、ある決断を迫られるのだ。

Alexandra （Sasha ）
Luss

サッシャ・ルス

1992年6月6日、ロシア・マガダン・
オブラストに生まれる。ロシア国
籍。
モデルから映画界にも進出

Height	Weight	Measurements	Bra size	Eye color
178	55	82-58-88	70A	Blue

49

アンナ /Anna

原題 ANNA
監督 Luc Besson
(リュック・ベッソン、1959 年生)
2019 年、米仏映画

誰にだって長髪でベルボトムのジーンズをはいていた過去はあるはず。
でも、その自分を否定しはしないでしょ？
あのころは、それでよかったんだから。

リュック・ベッソン

　リュック・ベッソン (Luc Besson、1959 年 3 月 18 日 -) は、フランスの映画監督、脚本家、映画プロデューサーであり、映画製作会社ヨーロッパ・コープ (EuropaCorp) 社長でもある。主な業績に『レオン』の監督や、『トランスポーター』シリーズの製作などがある。

　ベッソンは同年代にデビューしたジャン＝ジャック・ベネックス、レオス・カラックスとともに「恐るべき子供たち」（ジャン・コクトーの同名小説と映画からの命名）「BBC」と呼ばれ、ヌーヴェル・ヴァーグ以後のフランス映画界に「新しい波」をもたらした。日本でも「ニュー・フレンチ・アクション・シネマ」として宣伝される。

　僕はリュック・ベッソンの初期の作品を高く評価してファンであった時期もある、例えば『グラン・ブルー Le Grand bleu (1988)』、『ニキータ Nikita (1990)』、『レオン Léon (1994)』など、あの頃はまずハズレ

作品がなく安心してベッソン・ブランドを満喫したのだ。その後の、金ができる、言い換えると有名になると堕落する人間の習性によりつまらない惰性のアクション物を次から次へとベッソンの弟子とやらの＜クローン＞も使い放題、名前貸しもして、そのベッソン・ブランドにはいささかうんざり愛想が尽きていた。たまには脚本家として＜96時間＞の二部作などは唯一ベッソンらしかったが……。

　今回ロシアの新星が主人公というから見に行った。結論昔の殺し屋ものベッソンの復活だ。面白い楽しい　あの殺人ゲームが残酷さではなくダンスの様な楽しさに昇華する本来のベッソンの美学の面白さだ。しかも筋書きもひねりがある。さらに大スターのヘレン・ミレンの存在がこの映画に求心力を与えるが素晴らしい。

　この新人ロシア人の主人公サッシャ・ルスの多少庶民的で優雅さには欠ける顔だが逆にこんな役にはぴったりであり、実に素晴らしい。前半のレストランでの数十人のギャングを1人で殺戮する十二分の殺陣の面白さ。これはベッソンならではでないだろうか？シャネル、ディオール、ヴァレンチノなどの世界超一流ブランドのモデルを務めただけあり、シックからスポーティさらにあっと驚く衣装を、なんであろうと、完璧に着こなせるのは、ファッション・モデルとしても活躍しているから、間合いをビシッと決めることができるのである。

　サッシャの衣装だけで約50着も用意した、衣装デザインのオリヴィエ・ベリオは「アナのルックスは常に変わり続けているから、ほんの数分前には存在していなかった新しい女の殺し屋を常に作り続けなければならなかった。一つ一つのペルソナがアナであることには変わりないが、前に見たものとは微妙に差があることに気づいたと思うと、その自信と出来栄えを自画自賛している。また、髪型にも複数のパターンが存在し、リュック・ベッソンが生みだした歴代ヒロインの面影も垣間見える。

　あのミレンのKGBのベテラン局長とCIAの悪党の知恵比べ、KGBの直属とCIAの悪党の男を女の魅力で手玉にとる主人公　最後のどん

でん返し　最高の娯楽作だ。これは面白い、哲学抜きの、もろアクションを楽しめる映画だ。

・・・・・・・・・・・・・・・・・

　あらすじ：ネットより

　1980 年代後半、ソビエト連邦。身寄りがなく、恋人のペーチャと暮らすアナは長らくペーチャによる暴力的な生活に日々苦しめられていた。しかし、自堕落な生活に終止符を打つべく海軍に志願したアナは、アナの経歴に目を付けた KGB の職員アレクセイから「軍事訓練 1 年、現場勤務 4 年、その後は自由」と KGB に誘われ、アナは渋々そのオファーを受けることにした。1 年間の過酷なトレーニングに耐えた後、アナは上官のオルガからのテストに時間をオーバーさせながらも合格し、その後、最初の暗殺任務を遂行した。アナは今では恋人でもあるアレクセイの「軍事訓練　1 年、現場勤務 4 年、その後は自由」という言葉を信じ、自らの感情を殺して任務のための暗殺を繰り返していたが、KGB 長官ワシリエフから「KGB から解放される唯一の方法は死ぬことだ」と言われ、アレクセイの言葉が嘘だったと知る。

　それから 5 年の時が流れ、アナはパリでファッションモデルとして活動する傍ら、諜報活動や暗殺の任務を遂行していた。そんなある夜、任務中にアナが KGB のスパイであることが CIA に見抜かれ、拘束されてしまう。CIA エージェントのレナードはアナに死ぬか二重スパイになるか迫り、アナは「1 年間だけ働き、その後はハワイでの保護」を条件に取引を受け入れる。KGB に所属し、暗殺に従事しながら、CIA の二重スパイとして働くうちに、アナはレナードとも惹かれあうようになる。

　そして、アナはレナードから 3 年かけて計画したという、報復のための "KGB 長官暗殺作戦" への参加と実行を迫られる。自由になるために、指示通りに KGB 本部にて長官ワシリエフを暗殺したアナであったが、KGB から裏切り者として命を狙われ、また脱出後に姿を消したことから CIA からも追われることになった。

Saoirse
Ronan

シアーシャ・ローナン

1994 年 4 月 12 日、米国ニューヨーク・ブロンクス区に生まれる。国籍はアイルランド。
『レディ・バード』2017 ゴールデングローブ賞主演女優賞。

主な出演映画

『つぐない』
『ラブリーボーン』
『ハンナ』
『グランド・ブダペスト・ホテル』
『ブルックリン』
『レディ・バード』
『ふたりの女王 メアリーとエリザベス』
『ストーリー・オブ・マイライフ / わたしの若草物語』

Height	Weight	Measurements	Bra size	Eye color
168	55	84-60-89	70B	Blue

50

追想

原題 On Chesil Beach
監督 Dominic Cooke
（ドミニク・クック　1966 年生）
2017 年、イギリス映画

無神経な人は、そもそも悪気なく無神経な行動をしています。悪気がないので、相手に迷惑なことをしているという認識がなく、問題が起きていないと考えています。そのため、相手が嫌がっていても反省することもありません。

〜マイナビ・ウーマン

　この映画を見る気になったのは原作の英国の小説家イアン・マキューアン Ian McEwan　1948 年 6 月 21 日生まれ）が原作ということだった。この小説家はイシグロと同様ブッカー賞も取った英国の本物の小説家だ。僕とのなり染めは映画『つぐない　Atonement』で原作の＜贖罪　atonement＞であった。

　まさにあどけない少女の証言で無実の強姦罪で有罪になった哀れな青年の映画だったが、最後少女がその苦難の青年が結婚することになり、それに参加し直接青年に謝罪する場面がぐっと人間劇として感動したことがある。そんなマキューアンの人間ドラマだときっとと期待していたのだ。ついでにその映画で＜あどけない問題証言をした＞少女がまさにこの映画の主演女優であり、当時あどけない少女だったのだ。

　さて本題だが日本も僕らの世代までは初婚相手に純潔を要求するのが日本男子の当然の考え方があった。当時も成田離婚なる社会現象が

跋扈していた。つまり新婚旅行で何か揉め事があって成田で新婦は実家へ直行というケースだ。理由は新郎が性的不能、あるいは変態とかDVの素質が判明、今の世代は笑うだろうが新婦が処女ではなかったことが露呈した場合だろう。お互いホモやレズさらにサド・マゾなど変態、などなどがあったのだろう。

　この映画は愛し合っていた二人が初夜に直面して、そんなケースもごく普通にありうるだろうに、不発弾に終わった後のお互いの諍いが致命的なものになり六時間で結婚が終わったケースを描いている。

　花嫁に純潔など今のご時世だと古代の出来事だろうし、まさにそれは本質的に女性差別であること間違いない。欧米でも日本でも世界のどこでもその伝統はあっただろうが、文明度によってそのナンセンスさは各国それぞれ男女平等化によりそれは男女差別だと断定したのも当たり前の世の成り行きだろう。

　つまり宗教的な縛りからそもそも純潔であるべきというのは、未だに日本のキリスト教あるいはムスリム世界など他宗教を見ても残っているのかもしれない。しかし現代的な結婚がもちろんそれぞれの愛の定義だろうが愛が基本にあって結婚は成り立つ。＜性的交渉は子ども作りだけではない＞その行為そのものが男女の生きがいである楽しみというのは当然と言える。

　だとすれば結婚という社会的法律的束縛を前にして、決断する前に予行演習をして本当に自分のセックス・スタイルと一致するのか確かめることはしなければならない。今でこそないだろうが、あるとして成田離婚を回避するための当たり前のことだ。今時セックス・レスという男性が植物化して、夫婦間に営みがない、少子化などと週刊誌で読んだこともあるが、それはこの問題と切り離しての問題だろう。

　まあ、それでも最近の女性もずる賢いから、教会では処女のように振る舞って、私は処女よ！なんて恥じらいのゲーム感覚もあるだろう

が、そもそもそんな態度ももう古いのであって議論とは矛盾するのだ。

　この映画はまさに本当に心から愛した二人が：
女性がセックス恐怖症　男性は性経験がなくて土壇場で焦りすぎ不発
弾に終わる。女性は悪気もなくその場をさって海岸へ。男性はまさに
侮辱された（humiliated）怒りと恥じらいで女性を探し回り３キロの
地点で発見する。
　男性は被害者意識のみ女性は必死で愛しているがセックスが怖いの
で、セックス以外お互いありとあらゆる愛を尽くすが、それでもセッ
クスを好むならどうぞ他の女性とするのも構わない。これは善意にと
ればその男の大失態を庇って自分の責任とする愛の表現とでも言える
ものかもしれない。しかし男性は屈辱と恥ずかし目で怒り狂い、結局
言葉の暴力の応酬で人生の夢が全てぶち壊されてしまう。

　マキューアンの描く何か人間関係に魔が差した瞬間の恐ろしさ、今
まで築いたものこれからの夢を全てぶち壊す。当事者とも、善人であ
りながらだ！これが人生の怖ろしさでもあり、考え方によっては面白
さなのかもしれない。
　しかしこの映画でも五十年後に彼女の夢の五重奏楽団を実現した最
終演奏会を偶然聞きつけた男性、その前に彼女の娘が彼のレコード屋
の買い付けにきたとき、彼の心は哀愁を込めた追想となり、その演奏
会場でお互い目で認識、愛涙ぐむ、最後のラストシーンは本当に見る
方も切なく悲しい。

　後悔さきにたたず。あの時彼女が一言＜ごめんね心配かけて、また
部屋に戻ってなんとかうまくできるよう頑張りましょう＞というだけ
で二人の永遠の愛は成立したのに……人生そんなもんだから大事な間
柄の場合だけは言葉には注意しましょうね。

推薦の言葉　小河原あや

成城大学非常勤講師。
1976 年生まれ。1999 年、上智大学文学部哲学科卒業。2007 年、成城大学大学院文学研究科美学美術史専攻、博士課程後期単位取得退学。2005 年から 2007 年にスウェーデン・ストックホルム大学映画学科留学。共著に『映像人類学 (シネ・アンスロポロジー): 人類学の新たな挑戦へ』(2014 年、せりか書房)、『手と足と眼と耳 : 地域と映像アーカイブをめぐる実践と研究』(2018 年、学文社)、『霧に消えゆく昭和と戦中派〜敗戦前後の映画的回想』(2019 年、春吉書房)、共訳に『北欧の舞台芸術』(2011 年、三元社)、『ヒッチコック』(2015 年、インスクリプト) などがある。

　　2018 年 4 月、奥山篤信氏の前著書『キリスト教というカルト〜信者になれない、これだけの理由』（春吉書房）の出版記念パーティは、春らしい青空のもと、開始前から華やかな雰囲気に包まれていた。会の始まりを告げるため、長身の奥山氏がスターのオーラを漂わせながら輪の中心に歩いてくる。乾杯の音頭に、かつて映倫の委員も務めた知る人ぞ知る映画評論家で、三井住友信託銀行特別顧問の桜井修氏が紹介される。桜井氏もまた品格あるスターのオーラとともに、穏やかに語り始める。「今日のこの『奥山さんのファンの集い』の中で、ファンの一人として私が乾杯の音頭を取りますのは、私がファンの中で最年長だからです（当時桜井氏は 91 歳)」。会場に朗らかな笑いを誘いながら、桜井氏は奥山氏への強い絆を語った。

「奥山さんと知り合い、お互いに不思議に馬が合うことが分かりました。馬が合うというのは、美しいと思うものが一緒であり、醜いと思うものが一緒であるということです。つまり、美意識が同じだということです。ですから、私も映画が好きですが、奥山さんの薦める映画は私も 100 パーセント好き、全部好きです。これほど気の合う人はいません。」

　　ふた回り近く年齢の離れた二人のスターが、「美意識」において結ばれ、映画において結ばれる――なんて素敵なことだろう。

▲ 左から奥山篤信氏、小河原あや氏、桜井修氏

桜井修氏の最期の著作となった
桜井修×小河原あや著
『霧に消えゆく昭和と戦中派』

　本書は、その「美意識」へと導いてくれる。もちろん美人女優 50 人の美貌に見入り、その出演作について知るだけでも楽しい。また本書に取り上げられた作品は、『ボイジャー』（1991 年）以外は全て 2000 年代以降の映画で、特に 2010 年代のものも 38 作品あるから、近年の注目作品の手引書としても貴重である。だが、それ以上に深い内容が記されている。

　まず、本書はハリウッド映画だけでなく、フランス、イタリア、ドイツ、スペイン、デンマーク、イギリス、アイルランド、スイス、ポーランド、さらにはロシア、ハンガリー、イランなどの「辺境映画」（本書 161 頁。『心と体と』についての文章より）までも扱っている。桜井氏も随筆集『昭和と映画と人生と』（2016 年、春吉書房）の中で、ハリウッド映画からイラン映画まで幅広く世界の映画について記している。両氏は、いわゆる娯楽映画と芸術映画の垣根を越えて、作風も文化的背景も異なる国々の映画をつぶさに見た上で、これはと思うものを選び評しているのである。

　そして、両氏はこれらの映画を基に、何よりも人の生き様を思索する。まず奥山氏の本書は、社会的主題を含むものを多く取り上げて論じている。例えば、『スポットライト』が提示する信仰の問題については「反知性の現実」、「自らの存続の拠り所としての掟」（本書 106 頁）といった厳しい言葉で断罪する。『アメリカン・ハッスル』の風刺する「法治社会」については、「単に支配階層や資本家たちが、権力を維持し、富を築く為にあらゆる仕組みでがんじがらめと考えることも可能だ」（本

書74頁）と考察する。思い起こせば、桜井氏はあのスピーチでこうも語っていた。「奥山さんは、偽善と欺瞞を憎んでおられる方です。私もかねてから同じ考えを持っていました」。桜井氏もまた、例えば小津安二郎の映画について記した随想で、「逃れがたい人間の性や業」が潜んでいることを力強く説いている（『昭和と映画と人生と』、143-152頁）。両氏は、人間がどのような本性を持つのか、その性質とともに人はどのように社会を築き、生きていけば良いのかと問いながら、映画を論じているのである。

　さらに両氏は、こうした人の生き様を映し出す映画群において、女優の存在感を捉える。例えば本書は、セルジオ・カステリット監督『ある愛へと続く旅』におけるペネロペ・クルスについて「容姿だけではない凄み」（本書71頁）、ジョン・マッデン監督『女神の見えざる手』におけるジェシカ・チャステインについて「どこからそんな迫力が出てくるのかわからない芯の強い生命力のある女性」（本書101頁）と言い表す。一方、桜井氏は、例えばクリント・イーストウッド監督『マディソン郡の橋』におけるメリル・ストリープを、「ネオレアリスモ時代のイタリア映画」の女優たちと同様の「溢れるような生命感」『昭和と映画と人生と』、133頁）を示していると称える。両氏が賞賛を惜しまないのは、女優たちが美貌によって、かつその美貌を越えて、映画の中に一人の人間としてその存在を息づかせていることなのである。

　なお、そうした存在感のためには、女優と監督の協力関係が欠かせないだろう。本書はそのことにあらためて気づかせてくれる。なぜなら、美人女優を基準にしつつ、「映画作家」の作品を主に選んでいるからである。例えばラース・フォン・トリアー、デーヴィッド・クロネーンバーグ、ロマン・ポランスキー、ニキータ・ミハルコフ、フォルカー・シュレンドルフ、オリヴィエ・アサヤス、アブデラティフ・ケシシュ……。これら監督の個性的な演出が、例えば上記のペネロペ・クルスの「凄み」のような、美人女優の新たな側面を引き出す。

　その上女優たちがそうした芸術への創作意欲を燃やしていることも、本書から見えてくる。というのも本書は、ハリウッドの大型映画で活躍する女優——例えばスカーレット・ヨハンソンやキルスティン・ダンストらハリウッドで人気の出た女優から、フランスのマリオン・コティヤールをはじめハリウッドに渡ったことのあるヨーロッパの女優

も含めて——の出演した、小規模であっても主張のある作品を多く取り上げている。また、ジョディ・フォスターやジュリー・デルピー、メラニー・ロランといった、自ら監督業をこなす女優も選んでいる。

　さらに本書は、その創作意欲に由来する女優の新しい役割も浮かび上がらせる。例えば、シャーリーズ・セロンの『あの日、欲望の大地で』は、米国の比較的小規模なプロダクション（2929 Productions）が制作し、なんとセロン自らがプロデューサーを務め、メキシコ出身の脚本家ギジェルモ・アリアガが初めて監督した作品である。またジェニファー・ローレンス主演の『セリーナ 炎の女』は、同じプロダクション制作で、ドグマ 95' に参加した（本書 195 頁）デンマークの女性監督スサンネ・ビアによる、米仏チェコ合作である。これらの作品においてセロンもローレンスも、イメージに反しかねないような人間の性を演じ、魅力を増すとともに、話題性を作る。つまり、映画に情熱を燃やした美人女優たちが、映画の国際的な勢力図、ひいては映画の歴史を変える核心的な働きをしている。このような大きな文脈が見えてくるのは、本書がたしかな眼識で女優そして作品を選んでいればこそである。

　そう、奥山篤信氏と桜井修氏が共に持つ「美意識」とは、世界中の映画において、人の生き様に思いを馳せ、女優たちの存在感を捉えることだった。それが自ずと映画、芸術、そして世の中の在りようを浮かび上がらせる。それは、その「美意識」の根底に、人が生きていることへの愛、人の生きている様への絶え間ない思索があるからに違いない。

　年長のスター、桜井修氏は 2020 年 3 月末に他界された。最後にお目にかかった 2019 年の年末、桜井氏はやはりスターらしい風格で笑みを湛えながら、「美意識が人生を豊かにする」とおっしゃった。私的な思いを吐露すれば、映画について考えるたびに桜井氏ならば何とおっしゃるかと想像し、もうこの世にいらっしゃらないことに深い悲しみを覚える。しかし、もう一人のスターである奥山氏が、桜井氏に捧げて本書をご執筆され、「美意識」を教えてくださった。そのあとがきを書かせていただき、奥山氏に心より感謝申し上げたい。拙稿が読者の皆様にとって、二人のスターの「美意識」への橋渡しに少しでもなったならば幸いである。

本書で取り上げた作品一覧　（作品名／監督名／掲載ページ）

著者略歴

奥山篤信（おくやま・あつのぶ）

映画評論家、文明評論家。1948年、神戸市出身。1970年、京都大学工学部建築学科卒業。1972年、東京大学経済学部卒業。1972〜2000年まで米国三菱商事ニューヨーク本店を含め三菱商事に勤務。2014年、上智大学大学院神学研究科修了（神学修士）。2014年よりパリ・カトリック大学（ISTA）に留学。著書に『超・映画評〜愛と暴力の行方』（2008年、扶桑社）、『人は何のために死ぬべきか』（2014年、スペースキューブ）、『キリスト教を世に問う！』（2017年、展転社）、『キリスト教というカルト〜信者になれない、これだけの理由』（2018年、春吉書房）がある。毎月『月刊日本』に映画評を連載、その他『WiLL』に寄稿している。

僕が選んだ世界の女優５０選

2020年11月22日　初版第一刷発行

著　者	奥山篤信	
発 行 者	間　一根	
発 行 所	株式会社春吉書房	
	〒810-0003	
	福岡市中央区春吉1-7-11	
	スペースキューブビル6F	
	電話 092-712-7729	
	FAX 092-986-1838	
装丁/組版	佐伯正繁	
印刷・製本	モリモト印刷株式会社	

住友信託銀行
（現 三井住友信託銀行）
元社長、元会長
成城大学非常勤講師

桜井 修 × 小河原あや
さくらい・おさむ　　　　おがわら・あや

映画評論の専門家が
昭和の時代を語り継ぐ対談集です。

昭和はるかなれど、単なる郷愁や回顧ではなく立体的に「あの時代」を凝視した文化論

日本人はやさしく清らかに
精一杯生きた昭和の栄枯盛衰、
あの日本の精神は濃霧に覆われ、やがて消えてゆくのか?

霧に
消えゆく
昭和と戦中派

敗戦前後の映画的回想

桜井修
小河原あや

美しい日本は
昭和時代に
あった

作家・評論家
宮崎正弘氏
推薦

● 税込価格：1,100 円
／新書判／240 頁